LINGUISTIC SURVEYS OF AFRICA

Volume 9

LINGUISTIC SURVEY OF THE NORTHERN BANTU BORDERLAND

LINGUISTIC SURVEY OF THE NORTHERN BANTU BORDERLAND
Volume Four

A. N. TUCKER AND M. A. BRYAN

LONDON AND NEW YORK

First published in 1957 by Oxford University Press

This edition first published in 2018
by Routledge
2 Park Square, Milton Park, Abingdon, Oxon OX14 4RN

and by Routledge
711 Third Avenue, New York, NY 10017

Routledge is an imprint of the Taylor & Francis Group, an informa business

© 1957 International African Institute

All rights reserved. No part of this book may be reprinted or reproduced or utilised in any form or by any electronic, mechanical, or other means, now known or hereafter invented, including photocopying and recording, or in any information storage or retrieval system, without permission in writing from the publishers.

Trademark notice: Product or corporate names may be trademarks or registered trademarks, and are used only for identification and explanation without intent to infringe.

British Library Cataloguing in Publication Data
A catalogue record for this book is available from the British Library

ISBN: 978-1-138-08975-4 (Set)
ISBN: 978-1-315-10381-5 (Set) (ebk)
ISBN: 978-1-138-09467-3 (Volume 9) (hbk)
ISBN: 978-1-138-09565-6 (Volume 9) (pbk)
ISBN: 978-1-315-10570-3 (Volume 9) (ebk)

Publisher's Note
The publisher has gone to great lengths to ensure the quality of this reprint but points out that some imperfections in the original copies may be apparent.

Disclaimer
The publisher has made every effort to trace copyright holders and would welcome correspondence from those they have been unable to trace.

Due to modern production methods, it has not been possible to reproduce the fold-out maps within the book. Please visit www.routledge.com to view them.

LINGUISTIC SURVEY
OF THE
NORTHERN BANTU
BORDERLAND

VOLUME FOUR
*Languages of the Eastern Section
Great Lakes to Indian Ocean*

BY

A. N. TUCKER

AND

M. A. BRYAN

Published for the
INTERNATIONAL AFRICAN INSTITUTE
by the
OXFORD UNIVERSITY PRESS
LONDON NEW YORK TORONTO
1957

Oxford University Press, Amen House, London E.C.4

GLASGOW NEW YORK TORONTO MELBOURNE WELLINGTON
BOMBAY CALCUTTA MADRAS KARACHI
CAPE TOWN IBADAN NAIROBI ACCRA SINGAPORE

PRINTED IN GREAT BRITAIN

CONTENTS

INTRODUCTION	7
BANTU LANGUAGES	
1. Characteristics of Vanuma	10
2. Characteristics of Konzo	13
3. Characteristics of the Inter-Lacustrine Group	17
4. Characteristics of the Gisu Group	21
5. Characteristics of the Luhya Group	25
6. Characteristics of the Gusjj Group	29
7. Characteristics of Sukuma	33
8. Characteristics of the Njlyamba Group	35
9. Characteristics of the Gogo Group	40
10. Characteristics of Zigula and Ngulu	44
11 Characteristics of Shambaa	48
12. Characteristics of Shaka (Chagga)	52
13. Characteristics of the Gikuyu (Kikuyu) Group	55
14. The Swahili Group	
(*a*) Characteristics of Bajuni (Tikuu)	59
(*b*) Characteristics of Giryama	60
15. The Taita Group	
(*a*) Characteristics of Taita	63
(*b*) Characteristics of Pokomo	66
PARTLY BANTU LANGUAGES	
A. Characteristics of Amba (and Hyanzj)	69
B. Characteristics of Mbugu	72
NON-BANTU LANGUAGES	
A. Moru–Mangbetu Vocabularies: Mvu'ba and Druna (Southern Lendu)	75
B. Nilotic Vocabularies: Alur, Acoli, Lango, Adhola, Luo	77
C. Nilo-Hamitic Vocabularies:	
(*a*) Teso and Maasai	79
(*b*) The Nandi Group	80

CONTENTS

D. Cushitic Vocabularies:
   Oromo (Galla) and Somali ... 84

E. Iraqw Vocabulary ... 86

F. and G. Sandawe and Hadza Vocabularies ... 88

H. Sanye Vocabulary ... 89

MAP OF THE NORTHERN BANTU BORDERLAND
EASTERN SECTION   *Inside back cover*

INTRODUCTION

THE classification and distribution of the languages of the Northern Bantu Borderland between the Great Lakes and the Indian Ocean have been given in *The Linguistic Survey of the Northern Bantu Borderland*, vol. I, part III, where, however, the linguistic evidence on which the classification rested was not included. This is now set out in the present volume.

The languages concerned have been divided into three categories: Bantu, partly Bantu, and non-Bantu. Within each category the languages have been grouped according to linguistic criteria. The choice of languages represented here has been determined mainly by the availability of reliable linguistic material.

Bantu languages

Since all the Bantu languages are fundamentally interrelated, and therefore compose one large unit or 'family' with well-defined characteristics, grouping within this larger unit has to rely on secondary criteria with small local extension. The following are among the characteristics which have been considered for classification in the present work (though it should be noted that no single characteristic is a sufficient criterion in itself):

5- or 7-vowel system;
Presence or absence of significant vowel length;
Vowel harmony in prefixes;
Characteristic values of Ur-Bantu consonants;
Presence or absence of Pre-Prefix;
Use of locative prefixes and/or suffixes; locative enclitics;
Presence or absence of two types of Subject Prefix in the verb;
Infinitive Prefix of verb (see especially KONZO);
Simple and Compound Tense formation.[1]

So far as our material allows, we have used the same noun examples for all languages, so as to give some indication of the sound changes as between languages and language groups. A dash indicates that the particular word-form in question is known not to exist, a blank indicates lack of information.

Partly Bantu languages

These are languages which, though showing certain Bantu characteristics, do not seem to fulfil all the requisite criteria for classification as Bantu languages:

AMBA fulfils Professor Guthrie's definition of a Sub-Bantu language[2] in that the concord system is fragmentary.

MBUGU, on the other hand, may be called Bantoid[3] in that it would seem to have a Bantu prefixal and concord system grafted on to a non-Bantu vocabulary.

[1] The names given to Verb Tenses are tentative and approximate only.
[2] *The Classification of the Bantu Languages*, pp. 18–19.
[3] Ibid.

INTRODUCTION

Note: The position of VANUMA is anomalous. It too would seem to have a large non-Bantu vocabulary but is classified as Bantu on the basis of its grammatical behaviour.[1]

Non-Bantu languages

The non-Bantu languages are not of one kind, but belong to several 'larger units',[2] e.g. NILOTIC, NILO-HAMITIC, CUSHITIC, &c. The characteristics of some of these larger units have already been set out,[3] and a fuller account will appear in a later volume of the *Handbook* series. Therefore, it has been considered sufficient here to give only vocabularies of selected words.

Explanation of some of the terms used

Ur-B.	Ur-Bantu (from Meinhof).[4]
Pre-Prefix	A prefix which can stand before the Class Prefix of a noun. When this prefix consists of a single vowel, it is called the Initial Vowel (I.V.).
Concord Prefix'	Here used to refer specifically to the Subject Prefix of verbs (C.P.).
Dahl's Law	'A phonetic law observed first by the missionary Dahl in Unyamwezi, according to which, in certain East African languages, a voiceless explosive (p, t, k), when followed by another voiceless consonant, becomes voiced (b, d, g).'[5]
'Ganda Law'	'A phonetic law, first observed in Ganda, which may be formulated thus: When two successive syllables both begin with a nasal plus following voiced plosive, the plosive of the first syllable is lost.'[6]
N.B.B.S.	*Linguistic Survey of the Northern Bantu Borderland* (Vol. I, unless otherwise stated).

Phonetic symbols used

The 'Africa' alphabet is used, with certain additional symbols:

Vowels		Consonants	
i̭ ṷ	very close	ɓ ɗ ʄ ɠ	implosive
i u	close	t̪ d̪ n̪	dental
ɪ ʊ	open	f v	bilabial fricative
(where no distinction is required, **i** and **u** are used)		θ ð	dental fricative
		ṣ	slightly retroflex (Tooro only)

[1] N.B.B.S., pp. 84, 127.
[2] See Westermann and Bryan, *The Languages of West Africa* (Introduction), and Tucker and Bryan, *The Non-Bantu Languages of North-Eastern Africa* (Introduction).
[3] See Tucker, 'Linguistic Analyses', in Bryan, *Distribution of the Nilotic and Nilo-Hamitic Languages of Africa*.
[4] See Meinhof and van Warmelo, *Introduction to the Phonology of the Bantu Languages*.
[5] See Doke, *Bantu Linguistic Terminology*, p. 83.
[6] Meinhof and van Warmelo, op. cit., p. 183. (Actually, in GANDA this process occurs even when the second syllable begins with a single nasal.)

Vowels

{e o	close	
{ɛ ɔ	open	
(where no distinction is required, e and o are used)		
a	as in German	
æ	as in Eng. 'cat'	
ɒ	as in Eng. 'cot' (Nandi group only)	
ʌ	as in English 'cut'	
ə	central vowel	
ä ö ü ï	centralized	
ã &c.	nasalized	
a &c.	semi-mute	

Tone marks

á	high
a	mid (unmarked)
à	low
â	falling
ǎ	rising

Length marks

a:	long[1]
a·	half long

Consonants

ʃ ʒ	post-alveolar fricative
ɬ ɮ	lateral fricative
ç	palatal fricative
x ɣ	velar fricative
ɦ	voiced
ħ	Arabic ح
ʕ	Arabic ع
ʼ	glottal stop
tʃ dʒ	post-alveolar affricate
c j	palatal plosive
ɾ	flapped
R	uvular
m̥ r̥ &c.	unvoiced
ph &c.	aspirated
pʰ &c.	slightly aspirated
ɴ	indeterminate nasal, i.e. homorganic with following consonant
ŋ	velar nasal
w̃	nasalized w

Clicks

/	dental
//	lateral
≠	palatal
!	alveolar

P̱, Ḇ, Ǥ are used in language names to indicate f, v, ɣ respectively.

The tonal analysis of any African language is an extremely complicated matter involving the reduction of tonal phenomena into 'tonemes'. Further, owing to the phenomenon of 'tone-shift', structural tones and syllable pitch do not always coincide in any given example. In most of the languages analysed, the tonemic system has not yet been established; tone marks must therefore be regarded as indicating in the main the pitch pattern of words or phrases as heard.

[1] Where the writing of double vowels is considered impracticable.

BANTU LANGUAGES

1. CHARACTERISTICS OF VANUMA
(*N.B.B.S.*, p. 127)

Sources: Own researches A. N. T.

1. | *Language name* | *Tribal name* |
    | lįvanumá | múvanumá Pl. ɓúvanumá |
    | lįnyàlì | múnyàlì ɓányàlì |

2. *Phonetics*

(*a*) Seven-vowel system: į, ɪ, ɛ, a, ɔ, ʋ, u̧ (occasionally ü).
Sound-shift: ɪ > i, ɛ > e, a > ä, ɔ > o, ʋ > u in neighbourhood of close vowels.
Vowel length significant in word Stems. Tendency to length on penultimate syllable.

(*b*) Note ɓ and ɗ as well as b and d; υ also exists; l and ɽ probably the same phoneme.

3. *Tonetics.* Tone is both lexical and grammatical:

    VANUMA: màsámuɽa lįvànùma (I speak Vanuma)
                 màsàmúɽá lįvànùma (I have spoken Vanuma)
    NYALI: mɪkábɛnda (I shall beat); mɪ́kábɛnda (I beat—Narrative).

4. *Noun Classes and Pronominal Concords* (VANUMA). No Pre-Prefix.   *C.P.*

1. mùmbį (person) gù̧ɽɛ̀ (man) mùlį́ (woman) mwaná (child) í-, á-
àŋgbàkà (axe) àŋgbɔ̀ (arrow)
Many names of animals in this Class:
ɛ̀mvà (dog) mɛ́mɛ́ (goat) kwèyù̧ (leopard) mùnòɽį̀ (bird)
ɓùtɛ̀ (cow) tòku̧ (elephant) kɔ́ɓɔ́ (fowl)

2. ʋùmbį ɓùgù̧ɽɛ̀ ɓulį́ ɓaaná ɓàŋgbàkà ɓàŋgbɔ̀ ɓɛ̀mvà ɓá-
ɓàmɛ́mɛ́ ɓàkwèyu̧ ɓàtòku̧ (pl. of 1)

3. muкákáɽù (tree) mutú (head) muɽɪyá (tail) mù̧kì̧ɽɪ́ (egg) ú-
mwàmbɛ̀ (knife) mùtèndé (leg)

4. nɪкákáɽù nɪtú nɪɽɪyá nɪkɪɽɪ́ nyàmbɛ̀ (pl. of 3) í-

5. ɽįsɔ́ (eye) ɽɪnų́ (tooth) ɽįɓokó (bee) įtswéį́ (ear) dzàɽá (fire) ɽí-
lįɓéɽɛ̀ (breast) ɽɪʋá (sun)

6. mèsu̧ (eyes) menų́ (teeth) maɓokó (bees) màtswéį́ (ears) ká-
màdzàɽá (fires) màɓéɽɛ̀ (breasts) (pl. of 5)
màɽįʋɔ (water) makóòyu̧ (saliva) mataį (milk) mɪnɪ́kɔ̀ (blood)
màɓù̧tó (meats) maɓuʋį́ (bows) mau̧ɽį́ (months) moʋɔ́ (spears) (pl. of 14)
maɗáɗá (tongues) maɽuɽú (noses) (pl. of 11)
màɓùtɛ̀ (cows) (pl. of 1) màtèndé (legs) (pl. of 3)

7. (lacking)
8. dʲi̧kóndó (hands) dʲɪká̧ɾá (houses) dʲi̧gbɛ̀rɛ̀ (grass) (pl. of 9)   dʲí̧-
9. i̧kóndó (hand) ɪká̧ɾá (house)   í̧-
10. ndų́ɽi̧ (hair) (pl. of 11)   í̧-
11. ɽundų́ɽi̧ (a hair) ɽudʲádʲá (tongue) ɽuɽú (nose)   ɽú-
12. No data, but note in NYALI kabɛ́ndá (to beat) &c.   á-
13. (lacking)
14. ɓutɔ́ (meat) ɓuvi̧ (bow)   ɓú-
14a. ų̧ɽi̧ (moon) ųvɔ́ (spear) i̧tswéí (ear)¹   ú-

Locatives: no data.

Note Compound Nouns, e.g.

  míɛ̀-mwana (little child)   míà-mwambɛ (small knife)
  sʋ̀ʋ̀-ɓaana (Pl.)   sʋʋ̀-nyambɛ (Pl.)
  sʋ̀-màlìʋò (drop of water)

Note that the Genitive construction with Nouns consists in Possessed+Pronominal Concord+dà+Possessor:

  ɛmvá ádà mʋ̀mbi̧ (dog of person)
  ɓɛmvá ɓádà vʋ̀mbi̧ (dogs of people)

5. *Pronominal forms*

(a) Personal: *Absolute*   *Subject*²   *Possessive*
                ɛ̀mɛ̀   mʋ̀-, mà-   -dɛ̀ɛ́mì
                ʋ̀wɛ̀   ʋ̀-, wà-   -dɔ̀ɔ́wɛ̀
                téyɛ́   í-, á-   -dɛ̀ŋgɛ
                ʋ̀sʋ̀   kí-, ká-³   -dɔ̀ɔ́sʋ̀
                ʋ̀nʋ̀   ní-, ná-   -dɔ̀ɔ́nʋ̀
                téɓɔ́   ɓá-, ɓá-   -dàáɓɔ̀

(b) There are three degrees of Demonstrative:

    Cl. 1.   ɛŋgé   ɛŋgéni̧   ɛŋgéyʋ
    Cl. 2.   ɓúŋgɔɓa   ɓúŋgɔɓànɪ   ɓúŋgɔɓàyʋ
    Cl. 3.   ų́ŋgòų̀   ų́ŋgoni̧   ų́ŋgoyʋ̀
    Cl. 4.   i̧ŋgei̧   i̧ŋgenì   i̧ŋgeyʋ̀
    Cl. 6.   kɔ́ŋgɔkà, &c.

¹ NYALI ʋtʃwéé.
² There is no information on Object Prefixes. Note the NYALI forms:
        mukámá á-ɪna ɛ́mɛ (the chief sees me).
              á-ɪna ʋ́wɛ   (you).
              á-məna (ínágwe) (him).
              á-sɪna ʋ́sʋ̧   (us).
              á-nɪna ʋ́nʋ̧   (you).
        má-mú-ɓéndá o (I beat him).
        má-ɓú-ɓéndá o (I beat them).
³ NYALI sí-, sá-.

6. *Verb Conjugation* (NYALI)

(a) Tense and other Particles: preceding Verb Stem: **-a-** (Pres., Past); **-ɪya-** (Perf.); **-ana-** (Pres. Contin.); **-aká-**, **-ɪká-** (Narrative, Fut.).

(b) Suffixes: **-ɪ** (Far Fut., with **-aká-**)
  -jnɛ (Perfect—Verbs of state)

There are many conditional and relative Tenses.

(c) Compound Tenses: no data.

(d) Negative: **-adɪ-** (Pres.); **-andi-** (Past); **-akwandi-** (not yet).
VANUMA: **-áʊ-** (Pres.); **-sj-** (Past.).

7. *Adverbial enclitics*. No data.

2. CHARACTERISTICS OF KONZO
(*N.B.B.S.*, pp. 127-8)

Sources: Own researches, A.N.T. Examples from KONZO, unless otherwise stated.

1. *Language name*   *Tribal name*
   (ò)ɾùkɔ́nzɔ̀   (o)mùkɔ́nzɔ̀   Pl. (a)vakɔ́nzɔ̀
   orukó:vɪ̣   omukó:vɪ̣   avakó:vɪ̣

2. *Phonetics*

   (*a*) Seven-vowel system: ɪ̣, ɪ, ɛ, a, ɔ, ʊ, ʉ, with vowel harmony. (In ru-KOBɪ̣ there is a tendency towards a five-vowel system, but the seven vowels are distinct in ki-NANDI).[1] There is a tendency for open vowels to become close in the neighbourhood of close vowels (a > ä, ɛ > e, ɔ > o, ɪ > i, ʊ > u).
   Vowel length, which is very marked, is on the penultimate syllable only.
   Final vowels are often whispered.

   (*b*) Ur-Bantu p   t   c   k   >   h   t(r)   s   k
        v   l   j   ɣ   >   v   ɾ, l, r   z   ɣ
        mp nt nc nk > mb nd(r) s? ŋg
        mb nd nj ng > mb nd(r) nz ŋg

3. *Tonetics.* Tone is both lexical and grammatical.

4. *Noun Classes and Pronominal Concords.* Pre-Prefix = Initial Vowel.

	KONZO	KOBɪ̣ ('HUNDE')	C.P. (KONZO)
1.	omʊ́:ndrʊ̀ (person)		a-
	omʊ́lʊ́:mɛ̀ (man)		
	omʊ́kằ:lɪ̣ (woman)		
	ómwá:nà (child)	ómwa:ná	
2.	avá:ndrʊ̀ (people) (pl. of 1)		va-
	aválʊ́:mɛ̀ (men)		
	avákằ:lɪ̣ (women)		
	ává:nà (children)	áva:ná	
3.	omʊ́:trì (tree)	omú:trì	a-
	omuɾɪ́:rɔ̀ (fire)	omulí:rò	
	omʊ́:trwê (head)	omú:twê	
4.	emɪ́:trì (trees) (pl. of 3)	emí:trì	I-
	emɪrɪ́:rɔ̀ (fires)	emilí:rò	
	emɪ́:trwê (heads)		
5.	érɪ̣:sò (eye)	erí:sò	rɪ-
	érɪ̣:nò (tooth)	érí:nò	
	erɪ̣trʉ́:mò (spear)	erítrú:mò	
	erɪ̣:vwé (stone)		

[1] See *N.B.B.S.*, vol. III.

	KONZO	KOBỊ	
6.	ámɛ́:sò (eyes) (pl. of 5)	ámɛ́:sò	a-
	ámɛ́:nò (teeth)	ámɛ́:nò	
	amátrʉ́:mò (spears)	amátrú:mò	
	ama:ʋwɛ́ (stones)		
	⎰amaγɛ́:tsɛ̀ (water)	amayí:tsà	
	⎱àmàị:tsà		
	amá:trɛ̀ (milk)	amá:tɛ̂	
	amáγʉ́:trà (fat)		
	amá:trwî (ears) (pl. of 15)	amá:tú	
	amaγʋ́:lʋ̀ (legs)	amawú:lʋ̀	
	ámɛ́:rị (months)		
7.	ɛcí:ndʋ̀ (thing)		cɪ-
	ɛcɪsá:ndò (foot)	ekɪsá:ndò	
	ɛcɪγá:nzà (palm of hand)	ekiγá:nzà	
	ecá:là (finger nail)		
8.	ɛʋí:ndʋ̀ (things) (pl. of 7)		ʋɪ-
	ɛʋɪsá:ndò (feet)	ɛʋɪsá:ndò	
	eʋyá:là¹ (hand)	ebyá:rà	
9.	ɛndɛ̂ (cow)	endɛ̂	ɪ-
	ɛ́mbɛ̀:nɛ̀ (goat)	ɛ́mbɛ̀:nɛ̀	
	ɛnzó:γʉ̀ (elephant)	enzó:γu	
	ɛnyʉ́:mbà (house)	enyú:mbá	
	ɛ́nzʋ́:cì, ɛ́nzʉ́:cị (bee)	—	
10.²	esya:ndɛ̂, esyo:ndɛ̂ (pl. of 9)	esyŏ:ndɛ̂	sɪ-
		esyonyú:mbà	
	esyónzʋ́:cì	ésyónzó:ki (pl. of 11)	
	esyányá:là (nails) (pl. of 7)		
	esyá:ŋgwê, esyó:ŋgwê (pl. of 11)		
	esyándí:mì, esyóndí:mì	esyóndí:mì	
11.	olúlí:mì (tongue)	orulí:mi	lʋ-
	olú:kwê (stick of firewood)	orúyóki (bee)	
12.	aka:trɛ̂ (little cow)		ka-
	akáhɛ̀:nɛ̀ (little goat)	akáhɛ̀:nɛ̀	
	aká:ʋî (danger)		
13.	otrúhɛ̀:nɛ̀ (little goats) (pl. of 12)	otrúhɛ̀:nɛ̀	tru-
	ɔtruγɛ́:tsɛ̀ ⎱(drop of water)		
	otuị:tsà ⎰	otruyí:tsà	
	otrʉ́:lô (sleep)		

¹ Or **ebyálà** with short **a**.
² In KONZO the plural prefix varies between **esyo-** and **esya-** according to location. In NANDI (in the Congo) it is **esya-**.

BANTU LANGUAGES

	KONZO	KOBỊ	
14.	óvʊ́:cì (honey) ovusá:rà (porridge) óvwä:vụ̀ (beer)	ovú:kì	vu-
15.	okʊ́:trwî (ear) okuɣʊ́:lʊ̀ (leg) okʊ́vɔ́:kɔ̀ (arm) ókwé:rị (moon, month)	okú:trû okuwú:ɾu okwé:ri	ku-

Note that the Infinitive of Verbs is in Cl. 5 (prefix ɛrɪ- or ɛrɛ- rather than erị-)
ɛrɪ́kʊ́:ɾà (to grow)   erɪ:rwâ, ɛrɛ:rwâ (to fight).

Locatives:
aha-
oku-, okwa- } may be attached to any Noun.
omu-, omwa-
eyị-   used with only few stems, e.g. eyịɣʊ́:lʊ̀ (up).

Other Classes:
eịsụ́cị   Pl. esịsụ́cị (fly) (cf. 'bee' above).[1]

5. *Pronominal forms*
   (a) Personal:

	Absolute	Subject	Object	Possessive
	ị:njê	ǹ-(n-)	-ń- (-n-)	-aɣɛ
	ɪ:wê	ù-	-kʊ́-	-aɣʊ
	ɪ:yô	à-	-mʊ́-	-ɪwɛ
	ị:twê	t(r)ù-	-trʊ́-	-êt(r)ʊ
	ị:nyụ̂è	mù-	-vá-	-ênyụ
	ɪ:vô	và-	-vá-	-ávʊ

Non-personal Possessives: -áyɔ̀ (its) (Cl. 9)
                          -ásyò (their) (Cl. 10), &c.

(b) There are four degrees of Demonstrative:

| Cl. 7 | cɪnɔ́ | ècị | ecô | cɪryâ |
| Cl. 1, 3 | ɔnɔ́ | òyụ̀ | oyô | olyâ |

6. *Verb Conjugation*
   (a) Tense and other particles:
      (i) Preceding Verb Stem: -ká- (Pres.); -ké- (Past); -ámá- (Immediate Past);
          -avɪ- (Past); -a- (Past); -kándɪ- (Fut.).
      (ii) Preceding Subject Prefix: mʊ́- (Immediate Past—with -ámá- or -ká-).
   (b) Suffixes: -ɛ (Subjunctive—with or without -kà-).
                 (Penultimate vowel *short* here: lɛké ŋgáɣʊ́lɛ̀ (let me buy).)
                 -ịre (Perfect—with -a-).

[1] Compare also ɛ́nzókà (snake) with ɛndịòkà ('truth-snake'), and similar forms in AMBA (see p. 69).

(c) Compound Tenses formed with Verb 'to be' **(bya)**
Note also: **mʊ́-ŋ-ga-nɛ́ mw-a:sá** (I have just come)
ŋ-ga-ʋírɪ yʊ́:là (I have finished buying)

(d) Negation: **sɪ-** preceding Subject Prefix in main Tenses.
-ta- preceding Verb Stem in dependent Tenses.
ɛrɪ-tandɪ- (Infinitive).

7. *Adverbial enclitics in* **-ɔ** (except **-mʊ**).

òkʊ̀-mɛ́:zá mwâhìrá:-kɔ́ ékí:ʋo (put the basket on the table).
omʊ̧́-lʊ̧́sɪ̧ ɔlɔ́ twɪ̧tɪ̧rá:mʊ́ eyɪ̧sɛ̀:rɛ (in this river we killed a hippo).

3. CHARACTERISTICS OF THE INTER-LACUSTRINE GROUP
(*N.B.B.S.*, pp. 128–9)

Sources: Own researches, A. N. T.

1.

Language name		Tribal name		Country
BWISI	òɽùʋwîsì	òmùʋwîsì	Pl. àʋàʋwîsì	
TOORO	orútóórò	omútóórò	aʋátóórò	tóórò
NYORO	orúnyórò	omúnyórò	aʋányórò	ʋúnyórò
GANDA	òlùgânda	òmùgânda	àʋàgânda	ʋùgándà
SOGA	olúsògà	omúsògà	aʋásògà	ʋúsògà

2. *Phonetics*

(*a*) Seven-vowel system in BW. i̧, ɪ, ɛ, a, ɔ, ʊ, u̧.
Sound-shift between ɪ and i, ʊ and u, ɛ and e, ɔ and o in Prefixes.
Five-vowel system elsewhere: i, e, a, o, u; e and o have close values; i > ï in NY. and T. in certain contexts.
Final vowels are whispered in BW. and T.
In all languages vowel length is significant in word stems; it also occurs as the result of coalescence. Stress is on the stem syllable.

(*b*) Ur-B.
```
p    t    c    k    >   h (G. w)   t    s    k
ʋ    l    j    ɣ    >   ʋ¹         l, r j²   g (or ɣ)
mp   nt   nc   nk   >   mp         nt   ns   ŋk
mb   nd   nj   ng   >   mb         nd   nj   ŋg
```

Double consonants in G., corresponding to i+ consonant elsewhere.

t is dental in BW., T. (and NKORE); alveolar in NY., G., S. (and HAYA-ZIBA).

ḍ and d, ṇ and n are separate phonemes in S. There are two s sounds in T.[3]

k and g are strongly palatalized before i and y.

'Ganda Law' for nasal compounds in G. and S. only.

3. *Tonetics.* Tone is both lexical and grammatical in most languages. Nouns and Verbs have Tone Classes in BW., G., S. (and NKORE). In NY. and T., however, high tone is almost entirely associated with penultimate stress.

4. *Noun Classes and Pronominal Concords.* Pre-prefix = Initial Vowel.

	BWISI	TOORO	GANDA	SOGA	Concord Prefix (BWISI)
1.	òmùntù (person)	omúntù	òmuntu	òmùntù	a-, ʋ-
	òmùsàásâ (man)	omuṣáíjà	òmùsá'jja	omúsààḍà	
	omukắlí (woman)	omukázì	òmùkázì	omúkàzì[4]	
	òmwănà (child)	omwânà	òmwâna	ómwànà	

[1] There is also an implosive ɓ in BW. corresponding in some instances to the rare 'hard' (i.e. explosive) b in NY.–T.   [2] Dental ḍ in SOGA.
[3] Retroflex ṣ corresponds to s elsewhere (but to ʃ in NKORE).
[4] omúkàlì in Northern SOGA.

	BWISI	TOORO	GANDA	SOGA	Concord Prefix (BWISI)
2.	àʋàntʋ̀ (pl. of 1)	aʋántù	àʋantu	àʋàntù	ʋa-
	àʋàsàásâ	aʋaṣáíjà	àʋàsá`jja	aʋásààḍà	
	aʋakǎlį́	aʋakázì	àʋàkázì	aʋákàzì	
	àʋàánà	aʋáànà	àʋáàna	áʋàànà	
3.	— (tree)	omútì	òmùtî	omútì	yʋ-[1]
	òmʋ̀lìrɔ̀ (fire)	omúrrò	òmuliro	òmùlìrò	
	omutʋ́ɛ̀ (head)	omútwè	òmùtwê	omútwè	
	omʋkɔ́nɔ̀ (arm)	omukónò	òmùkónò	omúkònò	
4.	— (pl. of 3)	emítì	èmìtî	emítì	i-[2]
	emɪtʋ́ɛ̀	emítwè	èmìtwê	emítwè	
5.	erįísɔ̀ (eye)	eríìsò	eríiso	erfìso	lɪ-
	erįínɔ̀ (tooth)	eríìnò	erí`nnyo	eríino	
	etįmò (spear)	icúmò	èffúmù	éífùmo	
	èʋààɾɛ̀ (stone)	iʋáàlè	èjjinja	éíʋààle	
6.	amaásɔ̀ (pl. of 5)	amáìsò	àmáàso	amáìso	ya-[3]
	amaánɔ̀	amáìnò	àmá`nnyo	amáino	
	amatįmò	amacúmò	àmàfúmù	amáfùmo	
	àmàʋààɾɛ̀	amaʋáàlè	àmayinja	amáʋààle	
	amaásì (water)	amáìzì	àmá`zzi	amáàḍi	
	amagítà (fat)	amagítà	àmàfúta	amafuta	
	amatįítį (milk)	amátà	àmata	amatá	
	amatʋ́ì (ears)	amátù	àmàtû	amátù	
	(pl. of 15)				
	àmàyʋ̀rʋ̀ (legs)	amagúrù	àmagulu	—	
	amatá (bows)	amátà	—	amátà	
	(pl. of 14)				
7.	èkìntʋ̀ (thing)	ekíntù	èkintu	èkintu	kɪ-
	ekikʋβá (chest)	ekifúʋà	èkìfúʋà	ekífùʋa	
	èkìgèɾɛ̀ (foot)	ekigérè	èkìgérè	ekígère	
8.	èʋìntʋ̀ (pl. of 7)	eʋíntù	èʋintu	èʋintu	ʋɪ-
	eʋikʋβá	eʋifúʋà	èʋìfúʋà	eʋifùʋa	
	ɛʋɪgɛɾɛ	eʋigérè	èʋìgérè	eʋígère	
	eʋikįà (neck)	eʋíkyà	èʋìkyâ	eʋisèèra	
9.	èntɛ̀ (cow)	éntè	ènte	éntè[4]	i-[5]
	embúɾį (goat)	embúzì	èmbúzì	émbùzì[4]	
	ɛndʒòyʋ̀ (elephant)	enjójò	ènjovu	èndʒovu[4]	
	ɛnumbá (house)	énjù	ènnyúmbà	eṇûmba	

[1] gu- in the other languages. [2] gi- in G. and S.; e- in T. and NY.
[3] ga- in the other languages.
[4] N. Soga: ɔ́ntɛ̀, ɔ̀mbùlì, ɔnzɔ́gì, with Cl. 1 concord.
    pl. éntɛ̀, émbùlì, enzógì, with Cl. 10 concord.
[5] e- in the other languages.

BANTU LANGUAGES

	BWISI	TOORO	GANDA	SOGA	Concord Prefix (BWISI)
10.	Pl. of 9 identical with Sing.				sj-[1]
	— (tongues)	endími	ènnímì	énìmi	
	(pl. of 11)				
	èmbǎṛù (sides)	embájù	èmbávù	èmbavu	
	enkýì (firewood)	énkù	ènkû	énkù	
	ènzìgì (doors)	enzígì	ènzigi	éndìgi	
11.	— (tongue)	orulími	òlùlímì	olúlìmi	lʋ-
	òrùʋǎṛù (rib, side)	oruvájù	òlùʋávù	òluvavu	
	orukýì (stick of firewood)	olúkù	òlùkû	olúkù	
	òlʋ̀ìyì (door)	orwígì	òluggi	ólwìgi	
12.	àkàyɔ̀yù̀ (small elephant)	akajójò	àkayovu	àkayovu	ka-
	akánʋ́à (mouth)	akánwà	àkamwa	—	
	akaβí (danger)		àkàʋî		
13.	otuísɪ (drop of water)	otwîzì	òtú'zzi	otúùɖi	tʋ-
	otuhɔŋgɔ́ (sleep)	otúlò	òtùlô		
14.	òʋʋ̀yòγù (pl. of 12)	oʋʋjójò	òʋwovu	òʋwovu	ʋʋ-
	óʋwókì (honey)	oʋwókì	—	—	
	oʋʋtá (bow)	ovútà	—	ovútà	
	òʋʋ̀sèṛà (porridge)	ovusérà	òʋusera	òʋusera	
15.	okutúì (ear)	okútù	òkùtû	okútù	ku-
	òkʋ̀ỳʋ̀rʋ̀ (leg)	okugúrù	òkugulu	—	
	okwéṛì (month)	okwézì	—	—	

Also Infinitives of Verbs.

Locatives:

e-	e-	e-	e-	e-
(ah) a-	aha-	wa-	ha-	ha-, wa-
-kɔ	(-ko)	ku-	ku-	ku-
mu-	omu-	mu-	mu-	mu-

In T. and BW. **aha-** and **omu-** (**mʋ-**) may precede any Noun, but **ku** is found only in the enclitic **-ko** (**-kɔ**).

In G. **ku-** and **mu-** may precede any Noun.

In S. **ha-**, **ku-**, and **mu-** may precede any Noun.

The Locative Prefix **e-** is prefixed only to certain Nouns; it occurs in the enclitic **-yo** in all languages.

Other Classes:

			GANDA	SOGA	(BWISI)
	(giant)		òguntu	oguntú	gu-
	(giants)		àgantu	agantú	ga-

[1] zi- in G. and T. (and NY.); ɖi- in S.

5. *Pronominal forms* (TOORO and GANDA only are given):

(a) Personal:

	Absolute		Subject	Object	Possessive	
	TOORO	GANDA			TOORO	GANDA
	nyówè	'nze	ǹ-(n-)	-n-	-áŋgè	-àŋge
	íwè	'ggwe	ù-	-ku-	-áàwe	-o
	úwè	yê	à-	-mu-	-è	-e
	yîtwè	'ffê	tú-	-tu-	-áítù	-à'ffe
	yînywè	'mmwê	mú-	-ba-	-áànyù	-à'mmwe
	bô	bô	bá-	-ba-	-áàbò	-ààbwe

Non-personal Possessives: -aakyo (its) (Cl. 7)
        -aagwo   (Cl. 3) &c.

(b) There are three main degrees of Demonstratives in any one language, but four forms are involved (examples from Cl. 7):

BWISI	NYORO	GANDA	SOGA
kínì	kínù	kìno	kìno
èkì	ékì	—	—
—	—	èkyo	èkyo
kìrì(i)	kírì	kìrî	kìre

6. *Verb Conjugation*

(a) Tense and other particles:

(i) Preceding Verb Stem: zero (G., T.) -ku-, -liku- (BW., S.) (Present); -a- (Past); -ka- (BW., T.) (Past); -naa- (G., S.), -raa- (BW., T.) (Near Fut.); -li- (Far Fut.); -kya- ('Progressive Implication').

(ii) Preceding Subject Prefix: ni- (BW., T.) (Present, Past); ne- (G.) (Narrative); ka- (Subjunctive).

(b) Suffixes: -ga (BW.), -ŋga (G.) (Continuous)
     -e (Subjunctive)
     -ye (G., S.), -ire (T.), -i, íyè (BW.) (Perfect)

(c) Compound Tenses formed with the Verb 'to be': G. twálí(ŋga) túgènda (we are going).

(d) Negation: te- (G.), ti- (T.), ta- (BW.) prefixed to Subject Prefix; -ta- (Neg. Infin. and Relative) prefixed to Verb Stem.

7. *Adverbial enclitics in* -o (except -mu)[1]

	On the table he put a basket.	It is not in there.
BW.	ha-mééza aatááye-hó ekíívò	tákırı-mu
T.	ha-mééza akátá-hó ékíivò	tìkírí-mù
G.	kù-'mméézá yássáá-kô èkí'bbo	tèkírîi-mû
S.	kú-ḿmééza yátáá-ku ekíivo	tikirii-mu

[1] And -ku in S.

4. CHARACTERISTICS OF THE GISU GROUP
(N.B.B.S., p. 129)

MAIN EXAMPLES FROM THE DADIRI DIALECT. S = SOUTHERN DIALECT

Sources: Own researches, A. N. T.
Own researches, M. A. B. (not marked for tone).
G. W. B. Huntingford (section 4—not marked for tone).
Additional information from M. Guthrie.

1. | *Language name* | *Tribal name* | *Country* |
    |---|---|---|
    | ulúgiʃù ludádírì | úmúgiʃù Pl. báágiʃù | búgiʃù |
    | ulúgìsu lúʋúyà (S.) | úmúgìsù   báágìsù | búgìsù |

2. *Phonetics*
    (a) Five-vowel system: **i, e, a, o, u**.
    Final vowels often whispered.
    Vowel length significant in Word Stems: also occurs as the result of coalescence.

    (b) Ur-B. p   t   c   k > h   t (S. ɾ)   s, ʃ   k (S. x)
              ʋ   l   j   ɣ > ʋ   l, r, ʈ   z   ģ (S. k)
              mp   nt   nc   nk > mb   t (S. nd)   ts   k (S. ŋģ)
              mb   nd   nj   ng > mb   nd   nz (S. ts) ŋg

    Dahl's Law: **ligosi** (neck).
    'Ganda Law': **nima** (I hoe) < **-lima**.
    k and **ģ** palatalized before **i**.

3. *Tonetics*
    Tone lexical and grammatical; Tone Classes in Nouns and Verbs, but in Verb Conjugation the Classes tend to be merged.

4. *Noun Classes and Pronominal Concords*
    Pre-Prefix = C+V (I.V. in Cl. 1). Often omitted (see below). According to Guthrie there is no Pre-Prefix in the Northern dialect (not represented here).

	GISU		BUKUSU	C.P. (GISU)
1.	umúútù (person)	S. úmùndu	umundu	a-, u-
	úmúsèèzà (man)	S. umuseetsa	umuseeja	
	úmwâna (child)	S. umwana	umwana	
2.	ʋáʋáátù (pl. of 1)	S. ʋáʋàndù	aʋandu	ʋa-
	ʋáásèèzà			
	ʋáʋáànà	S. ʋaʋaana	aʋaana	

	GISU	BUKUSU	C.P. (GISU)
3.	gúmúsàálà (tree)	S. kúmúsàálà	kumuloŋgolo	gu-, S. ku-
	móòyò ⎫ múlírò ⎭ (fire)	S. kumuliro	kùmùlìrò	
	mútʃyè (head)	S. (ku)múrwè	kúmùrwè	
	gúmúkònò (arm)	S. kumukono	kumuxono	
	mwêsì (month)	S. kumwesi	kumwezi	
4.	mísàálà (pl. of 3)	S. kímísàálà	kimiloŋgolo	gi-, S. ki-
	myôyò	S. kimyoyo	kìmìlìrò	
	mítʃyè	S. (ki)mírwè	kímìrwè	
	gímíkònò		kimixono	
	myêsì	S. kimyesi	kimyezi	
5.	lísîìnò (tooth)			li-
	lífùmò (spear)	S. lifumo	lifumo	
	lívàálè (stone)	S. livaale	livaali	
	lìgí (egg)	S. ligi	rígí	
6.	másîìnò (pl. of 5)			ga-, S. ka-
	máfùmò		kamafumo	
	gámávàálè		kamavaali	
	màgí	S. kamagi	kàmàgì	
	gáméèzì (water)	S. kameetsi	kameeci	
	(milk)	S. kamaveere	amaveere	
	mayîŋgò (bows) (pl. of 14)	—	kamaiŋgu	
	gámáántù (giants)[1]	[S. gimindu]	[ukundu]	
	(ears) (pl. of 15)	S. kamaru	kámàrù	
7.	kíkíítù (thing)	S. sisintu	eʃindu	ki-, S. si-
	kígalávo (hand)	S. ⎧ síkalávo ⎩ kikyava		
	kífùvà (chest)	S. sífùvà		
8.	víviítù (pl. of 7)	S. vivindu S. vivyava	evindu	vi-
9.	íkàáfù (cow)	S. iŋgaafu	éxàáfù	i-
	ímbùsì (goat)			
	ínzòfù (elephant)	S. inzovu	énjófù	
	înzù (house)	S. itsu	inju	
	ímònì (eye)	S. imoni	émònì	
10.	zíkàáfù (pl. of 9)	S. tsiŋgaafu	cíxàáfù	zi-, S. tsi-
	zínzòfù	S. tsinzovu	cínjófù	
	zînzù	S. tsitsu	cinju	
	zímònì	S. tsimoni	címònì	
	zínìmì (tongues) (pl. of 11)			
	zímbègà (sides)			

[1] See 'Other Classes'.

BANTU LANGUAGES

	GISU	BUKUSU	C.P. (GISU)
	zínzìga (hoes)		
	zísíkaṛà (curtains)		
	(hills)	S. tsiŋgiŋgi	ciŋgulo
	(bows)	S. tsimiŋgo	—
11.	lúlìmì (tongue)		lu-
	lúvègà (side)		
	lúlwîgà (hoe)		
	lúlúkaṛà (curtain)		
	(hill)	S. lukiŋgi	lugulo
12.	kákáàtù (little thing)	S. xaxandu	xandu	ka-, S. xa-
	káyòfù (small elephant)		
	[mukánwà (mouth)]		
13.	(lacking)		
14.	(pl. of 12)	S. ʋuʋwandu	[xandu]	ʋu-
	ʋúʋúùkì (honey)		
	ʋuyîŋgò (bow)	[S. luhiŋgo]	uʋuiŋgu
15.	kukutu (ear)	S. xuxuṛu	xúxùrù	ku-, S. xu-
	Also Infinitives of Verbs.		

Locatives:
   iwèfwe (at our place)
   (a-)
   ku- ⎫
   mu- ⎬ may be attached to any Noun

Other Classes:
   gúgúútù (big thing, giant) S. gugundu ukundu gu-, S. ku-
   gúʋààlè (big stone)

5. *Pronominal forms*

(a) Personal:

	Absolute	*Subject*	*Object*	*Possessive*
	isè	(í)n- (n-)		-ésè
	iwè	ú-		-òó
	iyéyè, ye	à-	-mu-	-èwe
	ifwè	kú-		-éfwé
	inyè	mú-		-énywé
	ʋóòʋò, bò	ʋà-		-ááwé

Non-personal Possessives, e.g. -àkyo (its) (Cl. 7)
                         -àgwo (its) (Cl. 3), &c.

(b) There are three degrees of Demonstrative, with variations according to whether they precede or follow the Noun:

Cl. 2 following	vá[1]	vó	valí
preceding	àvà	àvò	vàlì

6. *Verb Conjugation*

   (a) Tense and other Particles:

   (i) preceding Verb Stem: [zero] (Habitual); **-liku-** (Present); **-a-** (or **-o-**) (Past); **-na-** (Present); **-lia-** (Perfect); **-lii-** (Far Future); **-a-** (Subsequent),[2] **-sii-** ('Progressive Implication'); **-ka-**+**-e** (Future).

   (ii) preceding Subject Prefix: **ni-** or **ġani-** (Near Future).

   (b) Suffixes: **-e** (Subjunctive); + **-ka-** (Future).
         -ire (Past).

   (c) Compound Tenses common, formed with Verb 'to be':
         ǹ-dì-kó ŋ-ġùlà (I am buying)

   (d) Negation: **ke-** prefixed to Positive Tense form.
         kaaku- Impersonal Negative to Verb Stem (negatives any Tense and/or Person).

7. *Adverbial enclitics in* **-o**

   kààkútàma-wo nì vàváána (I am not staying with the children—Lit. 'it is not stayed there . . .').

---

[1] Other recorded forms are *bano*, and reduplicated forms *ababa, ababo*.
[2] Different tone from Past.

5. CHARACTERISTICS OF THE LUHYA GROUP

(*N.B.B.S.*, pp. 130–1)

EXAMPLES MAINLY FROM HANGA, XAAYO AND ISUXA
(S = SAAMIA; Ts. = TSOOTSO; Ny. = NYALA)

Sources: Appleby: *A Luluhya–English Dictionary* (in italics).
Own researches, A. N. T. (marked for tone).
G. W. B. Huntingford (unmarked for tone).

1. Language name   Tribal name
    lùháŋgà   omuháŋgà   avaháŋgà
    lùxáàyò   omuxáàyò   avaxáàyò
    lwísùxà   omwísùxà   avaísùxà

2. *Phonetics*

   (*a*) Five-vowel system: **i, e, a, o, u** (e and o close).
   Vowel length significant in Word Stems; also the result of coalescence.

   (*b*) Ur-B. p   t   c   k   > h   r (t)   s   x
              v   l   j   ɣ   > v   l, r, ɽ   ts (dz)   k
              mp   nt   nc   nk > mb   nd   s   ŋg
              mb   nd   nj   nġ > mb   nd   nts   ŋg

   'Ganda Law': **olulími** (tongue) pl. **etsiními**.

3. *Tonetics*

   Tone is apparently not important lexically, but plays a large role in grammar; lexical features are obscured by grammatical behaviour.

4. *Noun Classes and Pronominal Concords.* Pre-Prefix = I.V. (not used in Northern dialects).

	HANGA (Appleby)	XAAYO (A. N. T.)	ISUXA (Huntingford)	C.P. (XAAYO)
1.	*omundu* (person)	òmundu	umuntu[1] (Ts. Ny. **umundu**)	a-, o-
	omusatsa (man)		umusaatsa	
	omukhasi (woman)	omuxázì (S. ómuxàsì)	umuxali (Ts. **umuxasi**, Ny. **umuxasa**)	
	omwana (child)	omwánà	umwana	
2.	*abandu* (pl. of 1)	àvandu	avantu	va-
	abana	aváánà	avaana	
3.	*omusala* (tree)	omusáàlà	umusaala[1]	ku-
	omuliro (fire)		umuliru	
	omukhono (arm)		umuxono	

[1] I.V. = **u-** in all dialects, according to Huntingford.

HANGA	XAAYO	ISUXA	Concord Prefix
omurwe (head)	**omúrwè** (S. **ómutwe**)	umurui (Ts. Ny. umurue)	
omwesi (moon)		umwiri (Ts. Ny. umwesi)	
4. *emisala* (pl. of 3)	**emisáàlà**	imisaala	ki-, tʃi-
emirwe	**emírwè** (S. **émitwe**)	imirui	
emyesi		imiiri	
emindu (giants)[1]			
5. *lifumo* (spear)		(e)lirimu (Ts. Ny. lifumo)	li-
lichina (stone)		(e)lijina	
libuyu (egg)	**eɽivúyù** (S. **éécì**)	(e)liwuyu	
likumba (bone)	{ **eɽikúmbà** (S. **éékùmbà**) **dikúmbà**		
6. *amafumo* (pl. of 5)		amarimu	ka-
amabuyu	**amavúyù**	amawuyu	
amakumba	**amakúmbà** (S. **amakumba**)		
amaatsi (water)	**amáátsi**	amaatsi (Ts. amaadzi)	
amafura (fat)		amaɣura (Ts. Ny. amafura)	
amabeere (milk)		amaveere	
amarwi (ears) (pl. of 15)	**amárwi**	amarui	
amayingo (bows) (pl. of 14)		amarha	
7. *eshindu* (thing)	**èçindu** (S. **èsindu**)	eʃintu (Ts. Ny. eʃindu)	ʃi-, xi-
{ *eshisala* (stool) *eshifumbi*	**esisáàlà**	eʃirumbi (Ts. Ny. eʃifumbi)	
8. *ebindu* (pl. of 7)	**èvindu**	evintu (Ny. efundu)	vi-
{ *ebisala* *ebifumbi*	**evisáàlà**	evirumbi (Ny. efurumbi)	(vi-, fu-)
9. *imoni* (eye)	**ímònî** (S. **émoni**)	imuni (Ny. imoni)	(y)i-
ing'ombe *ikhafu* } (cow)	**iŋombe**	iŋombe	
inzofu (elephant)	**indzófù** (S. **enjofu**)	intseku (Ts. intsofu)	

[1] See 'Other Classes'.

	HANGA	XAAYO	ISUXA	Concord Prefix
	imbusi (goat) (*eshimeme*)	**imbúsì**	**imbuli** (Ts. imbusi, Ny. elivusi)	
	inzushi (bee)	**enzúxì** (S. énjuxî)	**intsuʃi**	
	imbwa (dog)	**imbúà** (S. êmbwa)	**isimbwa** (Ts. Ny. imbwa)	
10.	*tsimoni* (pl. of 9)	**tsímonî** (S. émoni)	**tsimoni**	tsi-
	tsikhwi (firewood)		**tsixui**	
	(*eshilimi*) (tongues) (pl. of 11)	**tsinímì**	**tsinimi**	
	tsindolo (sleep)		**tsindolo**	
11.	*olulimi* (tongue)	**olulímì**	**ululimi** (Ny. olulimi)	lu-
	olukhwi (stick of firewood)			
12.	*akhandu* (small thing)		**axantu** (Ts. Ny. axandu) (sing. and pl.)	xa-
	akhameme (small goat)	**axavúsì**		
	(small dog)	**axavúà** (S. áxàvwa)		
13.	*orundu* (small things) (pl. of 12)		(lacking)	ru-
	(small goats)	**oruvúsì**		
	(drop of water)	**orúutsí**	(eliitsi, Cl. 5)	
14.	*obunyasi* (grass)	**ovunyáàsì**	**uvunyasi** (Ny. ovunyasi)	vu-
	obushi (honey)		**uvuʃi**	
	obuyingo (bow)		**uvurha** (Ny. umuhingo)	
15.	(*eshirwi*) (ear)	**oxúrwì**	(elirui, Cl. 5)	xu-

Also Infinitives of Verbs in all languages.

Locatives (HANGA):
    e butere (at Butere)
    ha(bu)ndu (place)
    mu- may be attached to any Noun: *mu-nzu* (in the house)

In ISUXA **ha- ku- mu-** may be attached to any Noun: **ha-ntsu, ku-ntsu, mu-ntsu** (at, etc. the house).

Other Classes:

HANGA	XAAYO	ISUXA	
okundu (giant)	okundu	**ukuntu** (Ts. Ny. ukundu) (sing. and pl.)	ku-
(large goat)	**okuvúsì**		

5. *Pronominal forms* (XAAYO)

(a) Personal:

Absolute	Subject	Object	Possessive
esé	e(n)-, n-	-n-	-angye, -anje
ewé	o-	-xu-	-o
ulyá	a-	-mu-	-e
efwé	xu-	-xu-	-efwe, -efu
eŋwé	mu-	-mu-	-enywe, -enyu
abó	ba-	-ba-	-abwe, -abo

Non-personal Possessives:

-alyo its (Cl. 5), **-akwo** (Cl. 3)
-ako their (Cl. 6) &c.

(b) There are three degrees of Demonstrative:

Cl. 2 banó   abó   báṛyà, bárè

6. *Verb Conjugation* (XAAYO)

(a) Tense and other Particles:

(i) preceding Verb Stem: [zero] (Present); **-axa-** (Perfect), **-axa- + -e** (Mid Fut.); **-a- +-iðe** (Near Past); **-naa-** (Near Fut.); **-xi-** ('Progressive Implication').

(ii) preceding Pronoun Subject: **n-** (Narrative Tenses), +**-e** (Fut.)

(b) Suffixes: **-ŋga** (Continuous)
-e (Fut., Subjunctive)
-íðè, -íṛè (Past)

Examples: **e-xi-suŋga-ŋga** (I still speak). Note also:

e-xi-ri oku-suŋga (I have not yet spoken, i.e. I am still to speak)
xu-kúl-íðè (we bought); **xwa-kul-íðè** (we bought—Near Past)
n-e-suŋg-e (I shall speak—today or tomorrow)

(c) Many Compound Tenses formed on Verb 'to be'.

(d) Negation: **si-** prefixed to Subject Prefix; **-la-** after Subject Prefix in certain Tenses; occasional postposition **ta (we)**:

ŋ-kúl(a) ómúùnyu (I am buying salt)
sí-ŋ̀-kúl(a) ómúùnyu (I am not buying salt)

7. *Adverbial enclitics in* **-o**

H. **xyali-ho ta** (he is not here)

yigula lisanduku nobixa-mwo tsiŋgubo (open the box and put in the clothes)

6. CHARACTERISTICS OF THE GUSJJ GROUP
(*N.B.B.S.*, p. 131)

Sources: GUSJJ: Own researches, A. N. T.; examples not marked for tone from P. Mayer.
KURIA: W. Whiteley; (italicized) A. Sillery.
NATA: M. Guthrie.

1.
Language name	Tribal name		Country
ékɪyʋ̀sjj	ómʋyʋ̀sjj	Pl. ávayʋ̀sjj	ʋ́ýʋ̀sjj
iɣikúría	umukúría	avakúría	uʋukúría
ɪkɪnata			

2. *Phonetics*
(a) Seven-vowel system: j (or i-), ɪ (or e), ɛ, a, ɔ, ʋ (or o), y̧ (or u); Prefix Vowels -ʋ- and -ɪ- > -ɔ- and -ɛ- before Stem Vowels -ɛ- and -ɔ-; there is also vowel harmony in the I.V. (e.g. e- before j).
Vowel length significant in Word Stems; also the result of coalescence.

(b) Ur-Bantu

```
p    t    c    k > h    t    s    k
v    l    j    ɣ > v    r,l  c    g, ɣ
mp   nt   nc   nk > mp   nt   ns   ŋk, ŋg (p, t, s (nc), k in NATA)
mb   nd   nj   ng > mb   nd   nc   ŋk
```
Dahl's Law present.

3. *Tonetics.* GUSJJ and KURIA: Tone Classes in Nouns and Verbs; grammatical tone also present. In NATA, tone is rhythmic rather than lexical or grammatical.

4. *Noun Classes and Pronominal Concords.* Pre-Prefix = Initial Vowel.[1]

	GUSJJ	KURIA	NATA	C.P. GUSJJ
1.	ómʋ̀ntʋ̀ (person)	omɔ̆nto	omoto	(ʋ- ɪ-) a-
	ómʋsáàcà (man)	omʋsááca		
	ómʋ̀kʋ̧̀ŋgʋ̧̀ (old woman)	umukúŋgu		
	ɔmɔtɛ̀ɛ̀rj (singer)	omoréntia		
	(child)	omoóna	omwana	
2.	áʋàntʋ̀ (people) (pl. of 1)	avănto	avato	va-
	(children)	avaána	ovaana	
3.	ómʋtí (tree)	omoté	omote	ʋ-
	ómʋtwí (head)	omotoé	omy̧twe	

[1] In most languages of this group the I.V. would appear to have the same quality as the prefix vowel. In GUSJJ there is a tendency for it to be slightly more open before -ɪ- and -ʋ-, considerably more open before -j-.

GUSJJ	KURIA	NATA	C.P. GUSJJ
ɔ́mɔ̀kɔnɔ (arm)			
(fire)	omɔ́rro		
(moon)	umuéri		
4. émɪtí (trees) (Pl. of 3)	emeté	emete	ɪ-
emɪtwí (heads)	emetoé	emɪtwe	
ɛ́mɛ̀kɔnɔ (arms)			
(mouths)	imiɛ́ri		
5. érįsɔ̀ (eye)	iriíso	erįso	lį-
érįnɔ̀ (tooth)	iriíno	erįno	
eríyìnà, rįyìnà (stone)	iriyéna	reboke	
— (snake)	iricóka	recɔka (large snake)	
6. ámáįsɔ̀ (eyes) (pl. of 5)	amaíso		(g)a-
ámäįnɔ̀ (teeth)	amaíno		
ámàyìnà (stones)	amayéna	amaboke	
(water)	amánce	amance	
(fat)	amagúta	amaguta	
ámàta (bows) (pl. of 14)	amatá		
ámàʋɔkɔ (arms) (pl. of 15)	amaʋóko		
(ears)	amatoé	amatwe	
(large snakes)[1]	amacóka	amacɔka	
7. éyìntʋ̀ (thing)	egĕntu		kɪ-
ékɪrúgʋ̀ (stool)	igitúmbe	egetųmbį	
ékįara (finger)	ekɛɛ́ra	įcaara	
ɛ́yɛtɛ̀ɛrɔ̀ (song)			
8. ébįntʋ̀ (things) (pl. of 7)	ibĭntu		ʋɪ-
(stools)	ibitúmbe	eʋetųmbį	
ébįara (fingers)	ibiára	įʋyara	
ébįana (children)			
íbɪmʋ̀ntʋ̀ (small people)	ibĭntu		
(vegetables)		ɛʋɛɾɛrɔ	
9. éŋɔ̀mbɛ̀ (cow)	eŋɔ́mbɛ	aŋombɛ	ɪ-
émbʋ̀ɾì (goat)	imbúri	ambɔrɛtɛ	
enyʋmba (house)	inyúmba	anyomba	
(elephant)	incúgu	ancogų	
eŋɪtɪ (snake)	—	ancɔka	
10. cįɔ̀mbɛ̀ (cattle) (pl. of 9)	iciŋɔ́mbɛ	caŋombɛ	cį-
cįmbʋ̀ɾì (goats)	icimbúri	cambɔrɛtɛ	
cinyʋmba (houses)	icinyumba	canyomba	
cįmmìmì (tongues)	icindéme	candeme	
cįnduʋcì (rivers) (pl. of 11)		canyoce	
(strings)	icinsíri	casįrį	

[1] See 'Other Classes'.

BANTU LANGUAGES

	GUSII	KURIA	NATA	C.P. GUSII
11.	órừmìmì (tongue)	ororéme	ororeme	ru-
	óruucì (river)		oroce	
	(string)	urusíri	orʉsɪrɪ	
12.	ákaana (child)			ka-
	áyàntừ (small thing)	ayantú		
	ayamuntʊ (small person)	ayăntu	agacɔka (small snake)	
13.	(lacking)			
14.	óvừta (bow)	ovotá		ʋu-
	ovunyansɪ (grass)			
	(night)	uvutíku	ovʉtɪkʉ̀	
15.	(ear)	ogotoé	ogotwe	ku-
	ɔ́kɔ̀ʋɔkɔ (arm)		okʉʋɔkɔ	

Infinitives of Verbs:
ókuyừrà (to buy)	okogóra		
ɔ́yɔ̀kɔra (to do)	ogokɔ́ra	ogʉkɔra	
ɔ́yɔtéèrà (to sing)			

Locatives (NATA):

ha- ⎫
ku- ⎬ prefixed to any Noun.
mu- ⎭

C.P. GUSII:
ha-
kʉ-
mʉ-

In GUSII there is a locative Suffix:
        nyumbaɪmɛ (in the house)

Other Classes:
    KURIA ugucóka Pl. Cl. 6 (large snake)   gu-
    NATA uġucɔ́kà Pl. Cl. 6 (large snake)   gʉ-

5. Pronominal forms

(a) Personal:

Absolute		Subject	Object	Possessive
G. nce	N. enɪ	G. n(ɪ)-	-n(ɪ)-	-ane
aye	wí	u-, kw-	-ku-	-aɔ
ere	ɪyí	a-, u-	-mʉ-	-a(y)ɛ
ntwe	ɪtwɛ́	tu-	-tu-	-aɪtu
inwe	ɪnywɛ́	mu-	-ba-	-aɪnyu, -aɪmu
barabwo	bɔ́	ba-	-ba-	-abɔ

Non-personal Possessives, e.g. -akyɔ (its) (Cl. 7), -ayɔ (Cl. 9 &c.).

(b) There are three degrees of Demonstrative:

GUSII	KURIA	NATA	
aba	banɔ	banɔ	these (Cl. 2)
ayiɔ	bayo	bayɔ	those
aaria	bayu	barɪ	yonder

6. *Verb Conjugation*
    (*a*) Tense and other Particles (GUSJI):
        (i) preceding Verb Stem: **-kʊ-**, **-ɡʊ-**[1] (Pres., Fut.); **-ka-**, **-ɡa-**[1] (Narrative); **-ra-** (No time); **-a-**+**-jrɛ** (Past), in all languages.
        KURIA has (zero) (Fut.); **-ri-** (Near Fut.).
        NATA has **-ha-** (Habitual).
        (ii) preceding Subject Prefix: **ni-** (Narrative).
    (*b*) Suffixes: **-ɛ** (Subjunctive, Fut.).
                   -jrɛ (Perfect).
                   -ɛtɛ (Remote Past, GUSJI).
                   -ndɛ, -narɛ, -narɛŋgɛ (Continuous, GUSJI, KURIA).

(*c*) Compound Tenses are common, and include the 'Progressive Implication' in NATA:
tʊ-kíɾɛ́ tʊ-ra-kɔ́rá (we are still working). Note also:
tʊ-kíɾɛ́ kʊ-kɔ́rá (we have not yet worked, i.e. we are still to work).

(*d*) Negation: **tɪ-** preceding (occasionally following) Subject Prefix;
                -ta-, -tala-, -teku- following Subject Prefix.
                KURIA: Negative Suffix **-haj** (after **tɪ-**).
                NATA: **tʊ-** preceding Subject Prefix.

7. *Adverbial enclitics in* **-o**
            KURIA: *kitucu kiraye-mo* (the rabbit slept therein)

[1] In accordance with Dahl's Law.

7. CHARACTERISTICS OF SUKUMA
(*N.B.B.S.*, p. 132)

Sources: I. Richardson and T. Wagi; own researches, A. N. T. and M. A. B.

1. *Language name*   *Tribal name*   *Country*
   kisu̧kų́ma or kigwe   su̧kų́ma Pl. vasu̧kų́ma   vusu̧kų́ma

2. *Phonetics*

   (*a*) Seven-vowel system: i̧, i, e, a, o, u, ų (i̧ and ų very near to i and u; e and o = I.P.A. e and ɔ).
   Vowel length significant in Word Stems: also the result of coalescence.

   (*b*) Ur-Bantu
p	t	c	k	> h	t	s	k
v	l	j	y	> v	l, r	z	g, k
mp	nt	nc	nk	> mh	nh	ns	(ŋ)h
mb	nd	nj	ng	> mb	nd	nz	ŋg

   Note also: **mhabi** > **ŋhabi** > **habe** (poor man)
             mlomo > **nnomo** > **nomo** (mouth)
   'Ganda Law': **iŋoma** (drum).

3. *Tonetics.* Tone is both lexical and grammatical. High tones appear to be realized two syllables after the syllable with which they are associated.

4. *Noun Classes and Pronominal Concords.* Pre-Prefix = Initial Vowel, used for special emphasis only. Concord Prefixes of Classes 1, 4, 9 associated with high tone.

	Pre-Prefix	SUKUMA	Concord Prefix
1.	u-	mu̧nhu (person) ŋgoóʃa (man) ŋkiíma (woman) ŋwana (child)	u-, a-
2.	a-	vanhu, vagoóʃa, vakiíma, vaana (pl. of 1)	va-
3.	u-	(n)tì (tree) mooto (fire) mweji̧ (moon) (n)twè (head)	gu-
4.	i-	mi̧tì myoto myeji̧ mi̧twè (pl. of 3)	i-
5.	e-	li̧i̧so (eye) i̧we (stone) i̧ci̧mų̀ (spear) li̧i̧no (tooth) i̧gi̧ (egg) i̧su̧mbi̧ (stool)	li-
6.	a-	mi̧i̧so (eyes) mawe (stones) maci̧mų̀ (spears) mi̧i̧no (teeth) magi̧ (eggs) masų̧mbi̧ (stools); minzi (water) magu̧ta (fat) maveelé (milk); matù (ears) magulu (legs); matà (bows)	ga-
7.	i-	ki̧nhu (thing) kiku̧va (chest) tʃoogo (basin for baby)	ki-, ʃi-
8	i-	ʃi̧nhu (things) ʃi̧ku̧va (chests) ʃoogo (basins for babies) (pl. of 7)	ʃi-
9.	i-	ŋŋombe (cow) (m)buli̧ (goat) m̧huli (elephant) ṇhwiga, ṇhiiga (giraffe) nnu̧mba (house)	i-

Pre-Prefix		SUKUMA	Concord Prefix
10.	i-	Plural of 9 same as singular (n)dimį(tongues) (m)bazụ(ribs) (n)zwele(hair) ŋkhụi (firewood) (n)zwala (fingers)	ji-
11.	u-	lulimį (tongue) luʋazụ (rib) lwele (hair) lukụi (piece of firewood) lwala (finger)	lu-
12.	a-	kanigini (little child)	ka-
13.	u-	tunigini (little children) twinzi (drop of water)	tu-
14.	u-	ʋutà (bow) ʋusaatụ̀ (sickness) ʋuuki (honey) wįilụ (jealousy)	ʋu-
15.	u-	kutù (ear) kugulu (leg) Also Infinitives of Verbs.	ku-

Locatives:
      ha- ⎫
      ku- ⎬ attached to any Noun.
      mu- ⎭

5. *Pronominal forms*

(a) Personal:

	Absolute	Subject	Object	Possessive
	neene	nį-	-nį-	-ane
	ʋeeʋe	u-	-ku-	-ako
	weį	a-, u-	-mu, -n-	-akwe
	ʋįiswe	tu-	-tu-	-įswe
	ʋįŋwe	mụ-	-mụ-	-įŋwe
	ʋoį	ʋa-	-ʋa-	-áʋo

Non-personal Possessives, e.g. -aco (its) (Cl. 7), -ago (Cl. 3) &c.

(b) There are two degrees of Demonstrative in Nouns, three in Locatives:

Cl. 2	aʋa	aʋo	—	
Locative	kuno	uko	kule	

6. *Verb Conjugation*

(a) There are about fifteen simple Tense forms, some of the most common Tense Particles being:

(preceding Verb Stem) -aa- (Pres. Definite); -lii- (Pres. Indef.); -ka- (Past); -ku- (Near Fut.); -laa- (Probable Fut.) -u- (Participial).

Some Tenses are distinguished by tone alone:

        naasįka (I have just arrived); naàsįka (I arrived long ago)

(b) Suffixes: -aga (Recent Past; Continuous)
        -įle (Perfect)

(c) Compound Tenses formed with Verb 'to be' (-li, -ʋį).

(d) Negation: Infix -ta-.

7. *Adverbial enclitics in -o*

        nali-ko (I am present)

8. CHARACTERISTICS OF THE NILYAMBA GROUP
(*N.B.B.S.*, p. 132)

Sources: NILYAMBA and RIMI: own researches, M. A. B.
LANGI: M. Guthrie.

1.
	Language name	Tribal name	
	kınjlyamba	munjlyamba	Pl. anjlyamba
	kıɾími	muɾími	aɾími

2. *Phonetics*

(*a*) Seven-vowel system: i, ɪ, ɛ, a, ɔ, ʊ, u. Sound shift negligible.

Vowel length significant in NILYAMBA and RIMI; not in LANGI. Secondary length, due to coalescence, common in all languages.[1]

Intervocalic l elided in RIMI; njaa (hunger), cf. NILYAMBA njálà.

(*b*)
Ur-Bantu				NILYAMBA				RIMI			
p	t	c	k > p	t	s	k	ʃ	ɾ	h	x, k
v	l	j	ɣ > (w)	r, l	z	g	(v)	ɾ, l	j	R, ɣ
mp	nt	nc	nk > (m)pʰ	(n)tʰ	(n)ts	(ŋ)kʰ	mp	nt	ns	kx
mb	nd	nj	ng > mb	nd	nz	ŋg	mb	nd	nj	ŋg

Palatalization of consonants after i in NILYAMBA:[2]

nityambula (I walk) tutambula (we walk); also in Cl. 5 (see below).

'Ganda Law': e.g. NILYAMBA mɔnjlɛ < mbɔnjlɛ (I have seen).

3. *Tonetics*. Lexical tone present in NILYAMBA and RIMI, grammatical tone in all three languages.

4. *Noun Classes and Pronominal Concords*. Pre-Prefix = Initial Vowel in NILYAMBA, but only used in special cases; absent in RIMI and LANGI.

	Pre-Prefix	NILYAMBA	RIMI	LANGI	C.P.
1.	u-	umuntʰu (person)	muntu	muntʰu	a-, u-
		mugɔ́ɔ̀sya (husband)	muyɔsja		
		mukɪɪma (wife)	muxima		
		mwana (child)	mwana	mwana	
		mɔ́a (coward)			

---

[1] Note also in NILYAMBA à-aâ-á (emphatic Demonstrative, Cl. 2), where the first and last a's are separate syllables in conjunction with long -aa-; cf. Cl. 13, kà-kaâ-ká.

[2] Except in the case of certain Particles, e.g. -ile, -ki-.

Pre-Prefix		NILYAMBA	RIMI	LANGI	C.P.
2.	I-	antʊ (pl. of 1)	antʊ	vantʰʊ	a-, ʋa-, va-
		agɔ́ɔsya	ayɔsja		
		aana	ʋaana	vaana	
		ɔ́ɔa			
3.	U-	mʊkɔ́nɔ (arm)	mʊxɔnɔ		U-
		mʊtɪ (tree)	mʊɽɪ	mʊtí	
		mɔ́tɔ (fire)	mɔɽɔ		
		mʊgʊlʊ (foot)	mʊɣʊʊ		
4.	I-	mɪkɔ́nɔ (pl. of 3)	mɪxɔnɔ		I-
		mɪtɪ	mɪɽɪ	mɪtí	
		mjɔtɔ			
5.	I-, i-[1]	lįįsɔ (eye)	ɽjhɔ		lɪ-, rɪ-
		lįįnɔ (tooth)	ɽjnɔ		
		gɪɪi (egg)	jyɛ	iyí (egg)	
		tyų́(w)e (head)	iɽwɛ[2]		
		gyųwe (stone)	igwɛ		
		ʃyánzi (grass)	jwa		
		jʊmba (large building)		ilʊfyɔ́ (big knife)	
6.	I-	mįįnɔ (teeth) (pl. of 5)	mjnɔ		ma-, a-, ya-
		matų́(w)e (heads)	maɽwɛ		
		magɪɪi (eggs)	mayɛ	mayi	
		masánzi (grass)	majwa		
		mazʊmba (large buildings)		malʊfyɔ́ (big knives)	
		mata (bows) (pl. of 14)	madɛų (chins) (pl. of 7)	matʊ́ (ears) (pl. of 15)	
		máázɪ (water)	maɟɪ		
		makų́ta (fat)	mafųta		
7.	I-	kɪntʰʊ (thing)	kɪntʊ[3]	kɪntʰʊ	kɪ-
		kɪkųa (chest)	kɪkųa		
		kɪsalí (village)			
		kɪdɛlų (chin)	kɪdɛų		
		kɪándà (porch)	kintʊ (bead)		
		(iron)	tʃʊma	tʃʊma (iron)	
		— (finger nail)	tʃaa		
8.	i-	intʰʊ (pl. of 7)		vintʰʊ	i-, vi-
		ikųa	ikųa		
		iʃalí[4]			

[1] Without palatalization, e.g. itųwe.
[2] Note also alternative form kiɽwe (Cl. 7 (head)).
[3] Note also alternative form intʊ̀ (Cl. 5), pl. mántʊ̀.
[4] Only s- is palatalized in Cl. 8. Cf. itų́(w)e (heads), igémbɛ (hoes), alternatives to Plurals in Cl. 6.

BANTU LANGUAGES

Pre-Prefix	NĮLYAMBA	RIMĮ	LANGĮ	C.P.
	ịdɛlụ			
	ịânda (porches)	ịntʊ (beads)	vyʊma (iron)	
9. I-	mbɔgɔma (cow)	mbɔyɔma		I-
	mbụlị (goat)	mbụrị	mburị	
	ŋkʊkʊ (fowl)	ŋkụkụ, kˣụkˣụ		
	nʊmba (house)	nyʊmba		
	nzɔgụ (elephant)	njɔụ		
10. ị-	Pl. of 9 identical with sing.			zị-, dʒị-
	nímị (tongues) (pl. of 11)	nɪmɪ	ndịhị (strings)	
	mbálụ́ (ribs)	mbarụ	ndịrị (beds)	
	nzɔá (feathers)	nịɪɪ (hair)	ndʒʊfyɔ́ (knives)	
11. ʊ-	lʊlímị (tongue)		lʊdịhị (string)	lʊ-
	lʊwálụ́ (rib)			
	lɔá (feather)		lʊfyɔ́ (knife)	
12. I-	ka(kɪ)nt^hʊ (small thing)	kakʊkʊ (small fowl)	kalʊfyɔ́ (small knife)	ka-
	kamʊkɔ́nɔ (small arm)			
13.	(lacking)		[tʊlʊ́ Cl. 9 (sleep)]	
14. ʊ-	ʊta (bow)	ʊʊta		ʊ-
	ʊtịkụ (night)	ʊrịkù	ʊrịrị (bed)	
	ụụtụ (flour)	oɾụ		
	wɪɪlụ (jealousy)	wɪrụ		
		ʊʃɪɪ (hair)		
		ʊrɪmɪ (tongue)		
		ʊʋarụ (side)		
15.	—	—	kʊtʊ́ (ear)	kʊ-
	Infinitives of Verbs			
	kwịgenda (to go)			

Locatives:

pa- kʊ- mʊ-	} attached to any Noun	ʃa- ʊ- mʊ- } attached to any Noun	—[1]	pa-, ʃa- kʊ- mʊ-

Other Classes:

ị-	pịnt^hʊ (small things) (pl. of 12)	pịkʊkʊ (small fowls)	fịlʊfyɔ́ (small knives)	pị-, fị-
	pịmɪkɔnɔ (small arms)			

[1] Apparently absent in LANGĮ: vɪka lufyɔ sɪ (put the knife down), cf. fasɪ in RIMĮ; ləka kɪsịmị (pass by the well).

5. *Pronominal forms*
   (a) Personal:

Absolute	Subject	Object	Possessive
(n)ɛnɛ	n(j)-	-n(j)-	-ane
(nd)uwɛ, vɛvɛ	u-	-ku-	-akɔ, -akwɛ
(nd)uyu, mwɛnsɔ	u-	-mu-	-akwɛ¹
(nd)įsyɛ, sɛsɛ	ku-²	-ku-²	-ɪtu, -įtu
(n)įnyɛ, vɛnsɔ	mu-	-mu-	-anį, -anyu
(nd)ɪa, vaɔ	a-, ɪ-, va-, va-	-a-, -va, -va-	-aɔ, -avɔ

(b) There are only two degrees of Demonstrative in RIMĮ and LANGĮ:

	RIMĮ	LANGĮ
Cl. 2	avaį	ava (these)
	avaɔ	vala (those)

In NĮLYAMBA many forms are built up on these two, e.g.:

	Simple	Emphatic	Selective	Referring	
Cl. 2	ɪa	a(w)a	ntɪa		(these)
	ɪɔ	ɔɔ	ntɪɔ	asyɔ	(those)

6. *Verb Conjugation*

Tenses are very numerous; some of the commonest Particles are (NĮLYAMBA):
(a) Tense and other Particles:
   (i) Preceding Verb Stem: -į-³ (Pres.); -kį-⁴ (Fut.); -uku- (Habitual); -a- (Past). There are two -a- Tenses, differing in tone.⁵
   (ii) Preceding Subject Prefix: na- (Narrative); ka- (Intention).

(b) Suffixes: -aa (Continuous—LANGĮ).
   -ɪ, -ɛ (Subjunctive).
   -įrɛ, -įlɛ (RIMĮ -įyɛ) (Perfect).

(c) Compound Tenses are very numerous, and vary between languages:
   NĮLYAMBA: **nį-kį-tųla nįtyambula** (I shall be walking)—Verb 'to be'.
   nįkɪlɪ nįtyambula (I am still walking) ('Progressive Implication').

There are also invariable Auxiliaries, e.g.
   NĮLYAMBA: **alɪ nįtyambula** (Far Past).
   RIMĮ: **alɪ ŋkųtɛnda** (I was doing).
Note also LANGĮ: **vįrasį kɔɔlá vįrɪ**⁶ (lit. potatoes to rot they are).

---
¹ LANGĮ -atʃwɛ́.
² RIMĮ tu-, -tu-.
³ Following consonant palatalized.
⁴ Following consonant not palatalized.
⁵ Cf. LANGĮ **twáurá** (we bought yesterday), **twaurá** (we bought long ago).
⁶ Note vowel harmony of Infinitive Prefix ku-+-əla.

BANTU LANGUAGES

(d) Negation: NILYAMBA and LANGI: **si-** prefixed to Positive form.
RIMI:-**ri-** or -**ina-** infixed.

7. *Adverbial enclitics in* -ɔ

NILYAMBA: ʊpɔli (he is there), ʊmɔli (he is within).
RIMI: nɛrɪpɔ (I am there).

9. CHARACTERISTICS OF THE GOGO GROUP
(*N.B.B.S.*, pp. 132–3)

Sources: GOGO and KAGULU: own researches, M. A. B.
GOGO (italicized): O. T. Cordell, *Gogo Grammar*. (Mpwapwa, 1941);
Cigogo Dictionary (typed manuscript).

1.
	Language name	*Tribal name*		*Country*
	cigogo	mugogo	Pl. vagogo	ugogo
	cikagulu, cikaguru	mukagulu	wakagulu	ukagulu

2. *Phonetics*

(a) Five vowel system: **i, e, a, o, u** (SWAHILI values). Vowel length not significant. Stress on Root syllable.

(b) Ur-Bantu

p	t	c	k	>	p, h	t	s	k
v	l	j	ɣ	>	v, w	l, r	z (j)	g
mp	nt	nc	nk	>	m̥	n̥	s	ŋ[1]
mb	nd	nj	ng	>	mb	nd	nz	ng

Dahl's Law: **bita** (pass), **gati** (middle).
'Ganda Law': **nima** (I hoe) < **-lima**.

3. *Tonetics*. Slight lexical tone; extensive grammatical tone, e.g. three Past Tenses distinguished by tone only.

4. *Noun Classes and Pronominal Concords*. Pre-Prefix = I.V., used in special cases only.

	Pre-Prefix	GOGO	KAGULU	*Concord Prefix*
1.	u-, i-	muṇu (person)	munhu	u-, ya-
		mulume (man)	mugosi	
		mucekulu (woman)	muke	
		mwana (child)	mwana	
2.	i-, a-	vaṇu (pl. of 1)	wanhu	va-, wa-
		vana	wana	
3.	u-	*moto* (fire)	moto	u-
		muvoko (hand)	mukono	
		mwaka (year)	mwaka	
		mwezi (moon)	mwesi	
		mugulu (leg)	mugulu	
4.	i-	(fires) (pl. of 3)	mimoto	i-
		mivoko (hands)	mikono	
		myaka (years)	minyaka	
		myezi (months)	minyesi	
		(bows)	mita (pl. of 14)	

[1] According to Cordell, **mph, nth, ŋkh** in GOGO.

BANTU LANGUAGES

	Pre-Prefix	GOGO	KAGULU	Concord Prefix
5.	i-	*iso* (eye)	(d)igiso	li-, di-
		lino (tooth)	digego	
		ibwe (stone)	diwe	
		igangha (egg)	ditagi	
		ibici (tree)	dibiki	
		(l)igoda (stool)	digoda	
		lulimi (tongue)	dilimi	
6.	i-	meno (teeth) (pl. of 5)	magiso (eyes)	ga-
		magoda (stools)	mabiki (trees)	
		malenga (water)	meji	
		mele (milk)	mele	
7.	i-	cinu (thing)	cinhu	ci-
		(chest)	cifa	
		cana (baby)	cidege (fledgeling)	
		cuma (iron)		
		citoto (small basket)		
8.	i-	vinu (things) (pl. of 7)	finhu	vi-, fi-
		vyana (babies)	fidege	
		vyuma (iron)		
		vilenga (a little water)	fiji (a little water)	
9.	i-	ng'ombe (cow)	mbuguma	i-
		ṃene (goat)	mhene	
		ṇoto (basket)	nhembo (elephant)	
		ṇani (word)	ŋhuku (fowl)	
		ikutu (ear)	ŋhutwi	
10.	i-	(zi)ṃene (goats) (pl. of 9)		zi, si-
		(zi)ṇoto (baskets)		
		(zi)ṇani (words)	siŋhuku (fowls)	
		(zi)mbavu (sides)		
		(zi)nyimbo (songs)		
		mvwili (hair)	(si)nywili	
		ngoma (eyelashes)	siŋgohe	
		(nets)	nyafu	
11.	u-	luvavu (side)	lubafu	lu-
		lwimbo (song)		
		(hair)	lujwili	
		lugoma (eyelash)	lugohe	
		lwavu (net)	lwafu	
12.		—	—[1]	
13.		—	—	

[1] Possibly obsolete: **Kanyagala kaŋgu** (my little Kanyagala) occurs in a song.

	Pre-Prefix	GOGO	KAGULU	Concord Prefix
14.	u-	wupinde (bow)	uta	u-
		wuci (honey)	uki	
		wuvi (evil)	wifu (jealousy)	
		wendo (love)		
15.		Infinitives of Verbs only		ku-

Locatives:

			i-[1]
haṋu (place)	hanhu		ha-
ku- } attached to any	ku- } attached to any		ku-
mu- } Noun	mu- } Noun		mu-

5. *Pronominal forms* (GOGO)

(a) Personal:

	Absolute	Subject		Object	Possessive
	ane, nene	ni-;	ni-	-ni-	-aŋgu
	agwe, ġwegwe	u-;	k(u)-	-ku-	-ako
	ayu, yuyu, yuyo	ya-;	k(a)-	-mu-	-akwe
	ase, sese	ci-		-ci-	-etu
	anye, nyenye	mu-		-mu-, -wa-	-enyu
	awa, wawa, wawo	wa-		-wa-	-awo

The second set of Subject Prefixes is used in certain Tenses.[2]

Non-personal Possessive, e.g. -aco (its) (Cl. 7).
 -awo (Cl. 3), &c.

(b) There are many Demonstrative forms, but four main degrees:

Cl. 2. awano, wawano; awa, wawa; awo, wawo; walya, wawalya.
Cl. 7. acino, cicino; aci, cici; aco, cico; acilya, cicilya.

6. *Verb Conjugation* (GOGO)

(a) Tense and other Particles:

Preceding Verb Stem: **-ku-** (Pres.); **-a-** (Far Past); **-ka-** (Subsequent); **-la-** (Ultimate Future).

With second set of Subject Pronoun Prefixes: (zero) (Near Past); **-o-** (Near Fut.); **-olo-** (Far Fut.).

Cf.	I &c. shall (ultimately) pass	I shall (soon) pass	I recently passed
1.	**ni-la-bita**	n-o-bita	ni-bita
2.	**u-la-bita**	k-o-bita	ku-bita
3.	**ya-la-bita**	k-o-bita	ka-bita

(b) Suffixes: **-aġa** (Continuous, Frequentative),
  -e (Subjunctive)
  -á (Perfect)
  -ile (Perfect)

[1] In phases like **hasi ya** (underneath).
[2] KAGULU has 2nd and 3rd Person forms only: **ku-, ka-**.

BANTU LANGUAGES 43

(c) Compound Tenses formed with Verb 'to be' (-li, -wa).
    GOGO: nali nabita (I was going).
                       nowa ŋubita (I shall be going).
    KAGULU: nokuwa nikuluta (I shall be going).

(d) Negation: GOGO: **si-** prefixed to Positive Tense form:
                siŋubita (I am not going).
       KAGULU: **-ha-, -si-** infixed:
                ŋhakuluta (I do not go)   3rd Person Pl. **wasikuluta**
                ŋhalutile (I did not go)   **wasilutile**

7. *No adverbial enclitics*, but note the following constructions (GOGO):
ho lili ligoda (there is a stool here)   **hali ho lili ligoda** (there was . . .).
mo lili ligoda (there is a stool inside) **mwali mo lili ligoda** (there was . . .).

10. CHARACTERISTICS OF ZIGULA AND NGULU
(N.B.B.S., p. 133)

Sources: ZIGULA: Own researches, M. A. B.; D. Perrott, unpublished material.
NGULU: M. Guthrie.

1.
    Language name   *Tribal name*
    kíŋgùlù   ḿŋgùlù   Pl. wáŋgùlù
    kizigu(l)a   mzigu(l)a   wazigu(l)a

2. *Phonetics*

(a) Five-vowel system: **i, e, a, o, u,** with SWAHILI values.
Vowel length not significant.[1]

(b) Ur-Bantu
```
p   t   c   k   > h   t   s   k
ʋ   l   j   ɣ   > w   l   z   ġ
mp  nt  nc  nk  >⎧ph   th       kh      NGULU
                ⎩mpʰ  ntʰ  s   ŋkʰ, h   ZIGULA
mb  nd  nj  nġ  > mb   nd   s²  ŋġ
```

k palatalized before **i** and **e** in some dialects.
Dahl's Law: ġutwi (ear).

3. *Tonetics.* No lexical tone. Grammatical tone present.

4. *Noun Classes and Pronominal Concords.* Pre-Prefix = Initial Voẉel, used only in special cases. (Not in NGULU.)

	Pre-Prefix	ZIGULA	NGULU	C.P. (ZIGULA)
1.	u-	mntʰu (person)	ḿthù	u-
		mġosi (man)		
		mvyele (woman)		
		mwana (child)	mwánà	
		mdege (bird)[3]	—[3]	
2.	a-	wantʰu (pl. of 1)	wáthù	wa-
		wana	wánà	
		wanyau (kittens) (pl. of dimin.)		
	Many names of animals in Classes 1 and 2.			
3.	u-	ḿti (tree)	ḿti	u-
		moyo (fire)		
		mkono (arm)		
		mtwi (head)		
		mwezi (moon)		

[1] Vowels in juxtaposition preserve their syllabic quality (see § 6 and note).
[2] nz in NGULU.
[3] Cl. 9 in NGULU.

BANTU LANGUAGES 45

	Pre-Prefix	ZIGULA	NGULU	C.P. (ZIGULA)
4.	i-	mítì (trees) (pl. of 3) mioyo (heads)	mítì	i-
5.	i-	ziso (eye) dizino (tooth) iwe, yuwe (stone) taɡi (egg) ditambi (branch) zintʰu (large thing, giant)	zísò íwè	di-
6.	a-	meno (teeth) (pl. of 5) (stones) matambi (branches) mazi (water) mele (milk) mavuta (fat) makombe (finger-nails) (pl. of 11)[1]	 maíwè mázì mĕle mávùtà	ya-
7.	i-	kintʰu (thing) kifua (chest) tʃuma (iron) kilatu (shoe)	 tʃúmà kílàtù	ki-
8.	i-	vintʰu (things) (pl. of 7) (shoes)	 vílàtù	vi-
9.	i-	mbuɡuma (cow) mbuzi (goat) ntʰembo (elephant) ŋɡuku (fowl) — (bird) nyumba (house)	 thémbò khúkù ndégè	i-
10.	i-	zintʰembo (elephants) (pl. of 9) zindimi (tongues) (pl. of 11) ziŋkombe (nails) siɡi (strings) fili (hair)	 (zi)nzíɡì	zi-
11.	u-	lulimi (tongue) lukombe (nail) luziɡi (string) luvili (hair) lubavu (side)	 lúzìɡì	lu-
12.	a-	kanyau (kitten)		ka-
13.		(lacking)		

[1] See also Cl. 10.

	Pre-Prefix	ZIGULA	NGULU	C.P. (ZIGULA)
14.	(none)	**uta** (bow) **uki** (honey) **wivu** (jealousy)		**u-**
15.		**ǵutwi** (ear) (Cl. 5?)		**ku-**

Infinitives of Verbs in all languages.

Locatives:

	ha- ⎫ **ku-** ⎬ prefixed to **mu-** ⎭ any Noun	**hantu** (place) **ku-** ⎫ prefixed to **mu-** ⎭ any Noun	**ha-** **ku-** **mu-**

5. *Pronominal forms* (ZIGULA).

(a) Personal:

Absolute	Subject	Object	Possessive
miye	ni-; ŋki-	-ni-	-aŋgu
weye	u-; ku-	-ku-	-ako
yeye	a-; ka-	-m-	-akwe
suwe	ki-	-ki-	-etu
nyuwe	m-	-wa-, -m-	-enyu
wao	wa-	-wa-	-awo

The second set of Subject Prefixes is used in certain Tenses, as in GOGO.
Non-personal Possessive: **-akwe** (Sing. and Pl., all Classes).

(b) There are four degrees of Demonstrative (ZIGULA):

    Cl. 2.   **wano, awano**   **awa**   **awo**   **wadya**

6. *Verb Conjugation* (ZIGULA)

(a) Tense and other Particles:

    (i) Preceding Verb Stem: **-a-** (Pres., Habitual); **-aku-** (Movement, Future); **-a-+-aǵa** (Remote Past).
    With second set of Subject Prefixes: (zero) (Past, State).
    (ii) Preceding Subject Prefixes: **n(e)-** (Recent Past).

(b) Suffixes: **-aǵa** (Remote Past).
    -e (Future, Past Negative).

(c) Compound Tenses formed with Verb 'to be' **(wa)**:

        nee-hi-wa ni-ka-loŋga (I was saying);
with **-kee**[1] or **-cee**:
        ni-kee ni-ka-loŋga or **ni-cee ha-loŋga** (I still say)
        ('Progressive Implication').

---

[1] **kee** < **kele**, Perfect form of **kala** (to remain).

(*d*) Negation: **ha-** prefixed to Positive Tense forms.
NGULU: **hakidámanye** (we did not work)
hakikúdamanya (we shall not work)

Note: Intonation plays a considerable part in conjugation:
NGULU:
kidamanya (we worked) **cadamanyá** (we work)
kidámanya (we have worked) **cadamanyaga** (we worked)
nekídámanya (we worked recently) **cakudámányá** (we shall work)

7. *No evidence of adverbial enclitics.*

11. CHARACTERISTICS OF SHAMBAA
(*N.B.B.S.*, p. 133)

Sources: Own researches, M. A. B.

1. *Language name*   *Tribal name*
    kiʃambaa   mʃambaa Pl. waʃambaa

2. *Phonetics*

(a) Five-vowel system: **i, e, a, o, u.**

Vowel length not significant. Vowels in juxtaposition preserve their syllabic quality. (See § 6 and note.)

(b) Ur-Bantu p   t   c   k > h   t̪   s (ʃ)   k
              v   l   j   y > w   l   z   g
              mp   nt   nc   nk > mph n̪th s (ʃ)   ŋkh
              mb   nd   nj   ng > mb   nd   s   ŋg

Dahl's Law present: **ayuko** (he is there) < **akuko**.

3. *Tonetics.* Tone is lexical and grammatical.

4. *Noun Classes and Pronominal Concords.* No Pre-Prefix.

	SHAMBAA	BONDEI	Concord Prefix
1.	m(u)n̪thu, mŭthu (person) myoʃi (man) mvyele (woman) ŋwana (child) mnyama (animal)	munthu mvyee mwana mnyau (cat)	u-, a-
2.	wan̪thu (pl. of 1) wayoʃi wanyama (animals) wazazi (a little water) wavuta (a little oil) Also plural of animates in other classes and of diminutives.	wanthu wanyau (cats)	wa-
3.	mti (tree) moto (fire) mkono (arm) mutwi (head) ŋwezi (moon)	mti moto mkono mtwi mwezi	u-
4.	miti (trees) (pl. of 3) myoto (fires) myezi (months)	miti	i-

BANTU LANGUAGES

	SHAMBAA	BONDEI	Concord Prefix
5.	ziʃo (eye)	ziso	ji-
	zino (tooth)	zino	
	iwe (stone)	iwe	
	taɠi (egg)	taɠi	
	vuha (bone)	vuha	
	ɠutwi (ear)	ɠutwi	
6.	meʃo (eyes) (pl. of 5)	meso	ya-
	meno (teeth)	mazino	
	maɠutwi (ears)	maɠutwi	
	mavuha (bones)		
	mazi (water)	mazi	
	mele (milk)	mee	
	mavuta (oil)	mavuta	
7.	kiṇthu (thing)	kinthu	ki-
	kifua (chest)		
	kiezu (chin)		
	cala (finger)	caa	
	ceni (face)	ceni	
8.	viṇthu (things) (pl. of 7)	vinthu	vi-
	vifua (chests)		
	(faces)	vyeni	
9.	mbuzi (goat)	mbuzi	i-
	(ṇ)thembo (elephant)	thembo	
	ŋguku (fowl)	ŋguku	
	ŋgoma (drum)	ŋgoma	
	nyumba (house)	nyumba	
10.	Plural of 9 identical with singular.		zi-
	swili (hair) (pl. of 11)	fii	
	ŋgohe (eyelashes)	ŋgohe	
	nyuvi (doors)		
	ndezu (beard)	ndrevu	
	(bows) (pl. of 14)	nyuta	
11.	(l)uzwili (hair)		lu-
	luɠohe (eyelash)	uɠohe	
	luvi (door)		
	(beard hair)	udrevu	
12.	kaziṇthu (little thing)[1]	kekinthu / kazinthu	ka-
	kazumba (little house)	kazumba	
13.	(lacking)		

[1] Pl. vi- (Cl. 8) or wa- (Cl. 2). Cf. the double Prefix in SWAHILI: ki-ji-tu.

	SHAMBAA	BONDEI	*Concord Prefix*
14.	uta (bow)	uta	u-
	wizu (jealousy)	wivu	
	woki (honey)		
15.	Infinitives of Verbs only.		ku-

Locatives:

haṇthu (place)	hanthu	ha-

ha-, ku- and mu- are used in Concord relationships.
Noun takes Locative Suffix:
nyumba-i (in, &c., the house)   **nyumba-(n)i**

Other Classes?:

    diziṇthu (large thing); **mzumba** (large house).

5. *Pronominal forms* (SHAMBAA)

(a) Personal:

	Absolute	*Subject*	*Object*	*Possessive*
	imi	ni-	-ni-	-aŋgu
	iwe	u-	-ku-	-ako
	uyu, udya	a-	-m-	-akwe
	iʃwi	ti-	-ti-	-etu
	inywi	m-	-wa-	-enyu
	awo	wa-	-wa-	-awe

Non-personal Possessive: **-akwe** (Sing. and Pl., all Classes).

(b) There are three degrees of Demonstrative, but five forms are involved (phonetically controlled):

Cl.					
2	—	awa	awo	wadya	—
3	unu	—	uwo	udya	—
10	—	izi	izo	—	ziya

6. *Verb Conjugation* (SHAMBAA)

(a) Tense and other Particles:

  (i) Preceding Verb Stem: -a- (Pres.); -ki- (Conditional); -ŋga- (Conditional); -aa- (Past); -ta- (Continuous); -kee-[1] ('Progressive Implication').
  (ii) Preceding Subject Prefix: **ne+ -e** (Fut.).

(b) Suffix **-e** (Fut., Subjunctive).

(c) Compound Tenses mainly formed with invariable Auxiliaries:

        nee ni-ki-toa (I was beating)
        neze ni-to-e (I shall be beating)

Note also **ni-ŋga ni-to-e** (I shall have beaten).

---

[1] kee < kele < kala (remain); cf. SHAKA, and contrast ZIGULA, where a form of the Verb **kala** is used as a true Auxiliary in Compound Tenses.

(d) Negation **(ŋ)kh(a)-** prefixed to Positive forms:
(ŋ)kha-wa-toa (they do not beat).

7. *Adverbial enclitics only in phrases like*
ahalia (he is here)   **ahaho** (he is there).
wamumu (they are in here)   **wamumo** (they are in there).

12. CHARACTERISTICS OF SHAKA (CHAGGA)
(N.B.B.S., pp. 133-4)

Sources: Material supplied by A. E. Sharp, checked with a MASHAMI-speaker by A. N. T.

1. | | Language name | Tribal name | | Country |
    |---|---|---|---|---|
    | | kìʃàkà | ǹʃàkà | Pl. vàʃàkà | ùʃàkà |
    | Dialects: | kìmàʃàmì (MA.) | m̀màʃàmì | vàmàʃàmì | |
    | | kìmotʃi (MO.) | mmotʃi | wamotʃi | |

2. *Phonetics*

(a) Five-vowel system: **i, e, a, o, u.**

Vowel length has not been fully investigated; it appears to be significant in at least some dialects. Vowel assimilation common.

(b) Ur-Bantu
p	t	c	k	> (h)	l, d, ʀ	s	k
v	l	j	ɣ	> v, w	l, ʀ	ʃ	(h)
mp	nt	nc	nk	> mb	nd	s	ŋg
mb	nd	nj	ng	> mb	nd	ʃ	ŋg

Full or partial palatalization of consonants before front vowels (indicated by y or ʸ).

3. *Tonetics.* Tone classes in Nouns and Verbs, also grammatical tone. High tone is often realized one or two syllables after the syllable concerned.

4. *Noun Classes and Pronominal Concords.* No Pre-Prefix.   C.P.

	MA.		MO.		
1.	ǹdû (person) ŋká (wife)		mndu	mka	u-, a-
	mwalyí (woman)		mali		
	mwimbî (singer) llyíʃî (teacher)				
2.	vǎndù vaká valyí (pl. of 1)		wandu	wali	va-, wa-
	vembî valyíʃî		waimbi (weembi)		
3.	ŋʀí (tree) múʀà (water)		mdi	mɾiŋga	u-
	mweʀî (month)		meri		
4.	miʀí míʀà miiʀî (pl. of 3)		mdi mɾiŋga meri		i-
5.	iʀisô (eye) ifumû (spear)		riso	pumu	ʀi-, ɾi-
	íwê (stone) ikʸekʸéli (armpit)		iowuo (snakeskin)		
6.	mísô mafumû máwê (pl. of 5)		meso	mapumu	ha-
	maaʀúí (ears)[1] maʀende (legs)[2]		maowuo (snakeskins)		
	mal(e)lá (milk) mafúʀâ (oil)		maruwa (oil)		
7.	kíndô (thing) kyàndu (knife)		kindo	kyoʃu	ki-
	kimwánâ (little child)		kimana		

[1] Pl. of 12.   [2] Pl. of 11.

BANTU LANGUAGES

MA.		MO.		
8. fíndò fyàndu (pl. of 7) fiván̂a		ʃindo ʃoʃu ʃiwana		fi-, ʃi-
9. mbuʀû (goat) ʀue (sleep)	ŋgúkú (fowl) ŋgímâ (meercat)	mburu ŋgima	ŋguku	i-
10. Pl. of 9 identical with sing. njalâ (nails) njuʀuká (lands) ŋgófî (palms of hand)		ndʒaa ndʒoruka ŋgofi		ṭi-
11. walâ (nail) uʀuká (land) ukófî (palm) uʀéndé (leg)		otʃaa oruka okofi		lu-
12. kaʀúí (ear)		kando (food)		ka-
13. (lacking)				
14. uk*y*î (honey) wáʀî (beer) unínì (bulk)		wuki wari wunene		(w)u-
15. Infinitives of Verbs		kudu (ear) kuwoko (arm)		ku-

Locatives:

ándò (place) kúndò (place)		handu kundu		a-, ha-

Locative Suffix -ny(i):

ʀuenyi (in sleep)   isàndùkùny(i) (in box)   mɽiŋgeny (in water)

5. *Pronominal forms*

(a) Personal:

Absolute		Subject		Object		Possessive	
MA.	MO.	MA.	MO.	MA.	MO.	MA.	MO.
iyényì	inyi	ʃí-	ndʒi-	-ʃi-	-n-	-ákwâ	-ako, -oko
(y)éwwê	iyo	ú-	ku-	-ku-		-áfô	-apo, -opo
wwê	o	á-		-n-		-ákwê, -ak*y*e, -uk*y*e	
yiesê	so	lú-		-lu-		-akwê	-adu
yienî	nyo	mú-		-mu-		-áńy	-anu
vô	wo	vá-	wa-	-va-	-wa-	-ávó	-awo, -owo

Non-personal Possessives:
   MA.   -á vayo for all Classes.
   MO.   -akyo, -okyo (its) (Cl. 7), -afo, -ofo (Cl. 3), &c.

(b) There are three degrees of Demonstrative:

	MA.	MO.	MA.	MO.	MA.	MO.
Cl. 2	evâ	-wa	evô	-wo	valyâ	walya
Cl. 7	ekî	-ki	ekyô	-kyo	kilyâ	kilya

6. *Verb Conjugation* (MO.)

(*a*) Tense and other Particles (preceding Verb Stem):

-a- (Pres.); -i-, -k^yeri-[1] (Incomplete); -le- (Past); -ka- (Subsequent); -a-m(e)- (Perfect); -etʃi-, -otʃi- (Future); -ki- (as in SWAHILI); -ve- (Iterative—combined with other forms, e.g. -ve-ka-k^ye- ought to . . .').

(*b*) Suffixes: -e (Subjunctive).
-ie (Perfect).

(*c*) Compound Tenses, e.g.

(nyi)ndʒetʃikooya ndʒetʃisoma; nyetʃikooya etʃisoma (I/he will be reading).

(*d*) Negation: -la- preceding other Tense Particles.
Postposition: MA. -po,   MO. fóò, after positive sentence.

7. *Adverbial enclitics*

MA. ndʒii-ho (I am there); alehenda-po (he went there).
MO. wyika-fo fitapu (put the books in it).
wyika-wû fitapu (put the books on it).

[1] Cf. SHAMBAA -kee-, and contrast ZIGULA.

13. CHARACTERISTICS OF THE GIKUYU (KIKUYU) GROUP
(N.B.B.S., pp. 134-5)

Sources: GIKUYU: Own researches, A. N. T. and P. S. K. Kahahu.
KAMBA: Adapted from *Kamba Dictionary* (A. I. M. Language Committee, Ukamba).
THARAKA: Adapted from G. Lindblom, 'Outlines of a Tharaka Grammar' (*Arch. d'Et. Orient, 1914*).

1. | *Language name* | *Tribal name* | | *Country* |
   |---|---|---|---|
   | γɪγɪkúyʋ | mʋγɪkúyʋ | Pl. ayɪkúyʋ | γɪkʋyú |
   | kɪkamba | mʋkamba | akamba | ʋkamba |
   | kɪθaraka | | | |

2. *Phonetics*

(a) Seven-vowel system: ɪ̣, ɪ, ɛ, a, ɔ, ʋ, ʋ̣.
Vowel length significant in Word Stems; also the result of coalescence.[1]

(b) Ur-Bantu

p	t	c	k	> h	t	ð	k	
v	l	j	γ	> —	r[2]	(y)	γ, g	
mp	nt	nc	nk	> h	nd	ð	ŋg	GIKUYU
				(mp	nt	nð	ŋk	THARAKA)
mb	nd	nj	ng	> mb	nd	nj	ŋg	

Dahl's Law present in GIKUYU: γɪtɪ (chair), γatɪ (small chair), but tʋtɪ (small chairs). Not in KAMBA and THARAKA.

'Ganda Law': rʋganɔ, Pl. ŋanɔ (story).

3. *Tonetics*. Tone classes in Nouns and Verbs; grammatical tone also present. Tone is realized on the syllable following the one concerned.

4. *Noun Classes and Pronominal Concords*. No Pre-Prefix.

	GIKUYU	THARAKA	KAMBA	Concord Prefix
1.	mʋndʋ (person)	muntu	mʋndʋ	ʋ-
	mʋka (wife)	muka	mʋka	
	mwana (child)	mwana	mwana	
	mwakɪ̣ (builder)		mwakɪ̣	
2.	andʋ (pl. of 1)	antu	andʋ	a-
	aka	aka	aka	(TH. va-)
	(cɪ̣ana)	aana	aana	
	aakɪ̣		aakɪ̣	

[1] Vowels in juxtaposition preserve their syllabic quality as in SWAHILI. Note that this phenomenon is of particularly frequent occurrence in KAMBA, owing to the elision of intervocalic *v, *l, *γ.

[2] Alternating freely with ṛ.

	GIKUYU	THARAKA	KAMBA	Concord Prefix
3.	mʊtɪ (tree)	mutɪ	mʊtɪ	ʊ-
	mwakį (fire)	mwaŋkį	mwakį	
	mwɛrį (moon)	mwɛrį	mwɛį	
	mʊүʊnda (garden)	mu(g)unda	mʊʊnda	
	mʊtwĕ (head)		mʊtwɛ	
4.	mɪtɪ (pl. of 3)	mɪtɪ	mɪtɪ	ɪ-
	mɪakį			
	mɪɛrį			
	mɪүʊnda	mɪ(u)nda		
5.	rįįŏɔ́ (eye)	ɪrįįθɔ	įθɔ	rį-
	įɣɛγɔ (tooth)		ɪgɛgɔ	
	įtįmú (spear)	ɪtumɔ	ɪtųmɔ	
	įhįγá (stone)	ɪįga	ɪvįa	
	rįʊá (sun)	ryua, dyua	syʊa	
	įrų̆ (knee)	įru	ɪų	
6.	majŏɔ́ (eyes) (pl. of 5)	mɛɛθɔ	majθɔ, mɛθɔ	ma-
	maɣɛγɔ (teeth)		magɛgɔ	
	mahįγá (stones)	majga		
	maaí (water)		manzɪ	
	maүųtá (oil)	mauta	maųta	
	matŭ (ears) (pl. of 15)	matu		
	maɣʊrʊ (legs)	makuru		
	maută, mɔɔtă (bows) (pl. of 14)		mata	
	mɔɔrɔγį (poisons)		mauɔį	
7.	kɪndʊ (thing)	kɪntu	kɪndʊ	kɪ-
	ɣɪŏʊrį́ (chest)	kɪθara	kɪθʊį	
	kɪará (finger)	kɪara	kyaa	
	kɪrɔnda (sore)	kɪrɔnda	kɪlɔnda	
	ɣɪŏįmá (well)	kɪθįma	kɪθįma	
8.	įndɔ (things) (pl. of 7)	įntu	sɪndu	(c)į-
	cįará (fingers)	ʋįara		(TH. kɪ-)
	įrɔnda (sores)	įrɔnda	įlɔnda	
	cįana (children)		syana	
9.	mɔɔrį́ (cow)	mɔɔrį	mɔį	ɪ-
	mbʊrį (goat)	mburį	mbʊį	
	njoүų (elephant)	ndzugu	nzoų	
	nyʊmba (house)	nɪumba	nyʊmba	
	ŋgʊkʊ (fowl)	ŋyuku	ŋgʊkʊ	
	nyamʊ (wild animal)	nyamu	nyamʊ	

BANTU LANGUAGES

	GIKUYU	THARAKA	KAMBA	Concord Prefix
10.	Plural of 9 identical with singular			cɪ-
	nɪmí (tongues) (pl. of 11)	ndɪmɪ	nɪmɪ	
	ndɪyí (strings)		ndɪɪ	
	hɪʊ (knives)	mbɪu		
	njʊá (hides)	ndyuɔ		
	nduará (nails)		mbaa	
	njɔya (feathers)		nzɪa	
	njʊɪrí (hair)	ndzwerɪ	nzwɪɪ	
11.	rʊrɪmí (tongue)	rurɪmɪ	ʊɪmɪ	rʊ-
	rʊrɪyí (string)		ʊlɪɪ	
	rʊhɪʊ (knife)	ruyu	ʊvyʊ	
	rʊará (nail)		waa	
	rʊɔya (feather)		ʊsɪa	
	rʊʃʊɪrí (hair)		ʊswɪɪ	
12.	kanyamŭ (small animal)	kanyamu, kadzamu	kanyamʊ	ka-
	kaará (little finger)	kaara (nail)	kaala	
	kamʊɣʊnda (little garden)	kayunda	ka(mʊ)lʊnda	
	kandʊ (small thing, food)		kaɪndʊ, kɛndʊ	
	kanʊa (mouth)	kanɪwa	kanywa	
13.	tʊará (little fingers) (pl. of 12)	twara		tʊ-
	tʊmɪɣʊnda (little gardens)		tʊ(mɪ)lʊnda	
	tʊnʊa (mouths)	tunywa, tunɪwa		
	tʊʊí (drop of water)			
14.	ʊta (bow)		ʊta	ʊ-
	ʊrɔyɪ (poison)		ʊɔɪ	
	ʊndʊ (affair)	untu		
	ʊʊkí (honey)	ndɪukɪ	ʊkɪ	
15.	ɣʊtŭ (ear)	kutu	kʊtʊ	kʊ-
	kʊɣʊrʊ (leg)	kuru	kʊʊ	
	ɣʊɔkɔ́ (arm)		kwɔkɔ	
	Also Infinitives of Verbs.			

Locatives:

	GIKUYU	THARAKA	KAMBA	
	handʊ (place)	ʊantu	vandʊ	ha-
	kʊndʊ (place)	(k)untu	kʊndʊ	kʊ-

Locative suffix -ɪnɪ
   nyʊmbaɪnɪ

5. *Pronominal forms* (GIKUYU)

(a) Personal:

	Absolute	Subject	Object	Possessive
	nɟɪ	n-, nd-	-n-	-akwa
	wéɛ	ʊ-	-kʊ-	-akʉ
	wĕ	a-	-mʊ-	-akɛ
	ɟŏʉ́ɪ	tʊ-	-tʊ-	-ɟtʊ
	ɪ́nyʉ́ɪ	mʊ-	-mʊ-	-anyʉ
	ɔ́	ma-	-ma-	-aɔ

Non-personal Possessives, e.g. **-akio** its (Cl. 7)
-ayʉo (Cl. 3) &c.

(b) There are four degrees of Demonstrative:

Cl. 2	áya	acjɔ	aarıa	arıa
Cl. 7	ɣııkı	kıʉ	kııria	kıria

6. *Verb Conjugation* (GIKUYU)

(a) Tense and other Particles:

(i) Preceding Verb Stem: [zero] (No time); **-kʊ-** (Pres., Fut.); **-rɪ-** (Near Fut.); **-kaa-** (Remoter Fut.); **-aa-** (Near Past); **-raa-**+...**-ɟrɪ** (Past); **-kɪ-** (as in SWAHILI); **-ka-** (Present Consecutive); **-aa-** (Past Consecutive), **-raa-** (Past Consecutive), **-kɪ-** (Remote Past Consecutive); **-na-** (Indef.).

(ii) Preceding Subject Prefix: **nɪ-** (emphatic—Positive only).

(b) Suffixes: **-aya** (Continuous)
   -ɛ (Subjunctive)
   -ɟrɪ (Perfect, Past)
   -ɪɪtɛ (Perfect)

(c) Compound Tenses formed with Verb 'to be' (**ri**).

(d) Negation: **-tɪ-** after Subject Prefix. (Note personal forms **ndɪ-, ndʊ-, nda-** or **ndɛ-**.)

7. *Adverbial Enclitics in* **-ɔ**

   ndarɪ-hɔ (he is not here)

14. THE SWAHILI GROUP

'Standard' SWAHILI itself is not given here, as being too well-known. Instead, the Group is represented by BAJUNI, a lesser-known dialect, and GIRYAMA, about the affiliations of which there is divergence of opinion.

(a) CHARACTERISTICS OF BAJUNI (TIKUU)
(*N.B.B.S.*, p. 136)

Sources: F. Würtz, ed. A. Seidel, 'Wörterbuch des Ki-Tikuu und des Ki-Pokomo' (*Z. Afr. u. Ocean. Spr.* 1895); C. H. Stigand, *Dialect in Swahili*.

1. *Language name*
    kibajuni, kitikuu

2. *Phonetics*
    (a) Five vowels recorded.
    Length not significant.[1]

   (b) Ur-Bantu

p	t	c	k > p	ch	t, sh	k
ʋ	l	j	ɣ > v, w²	(l, r)	y	—
mp	nt	nc	nk > p	c	s	k
mb	nd	nj	ng > mb	nd	nd	ng

   t is dental; *th* represents ð, according to Stigand.

3. *Tonetics.* No information available.

4. *Noun Classes and Pronominal Concord.* No Pre-Prefix.

   1. *mchu* (person) *muke* (woman) *mdodi* (child) *mvuli* (man)   u-, a-
   2. *wachu*   *wake*   (pl. of 1)   wa-
   3. *mchi* (tree) *mkono* (arm) *mbuyu* (baobab) *mvili* (body) *moyo* (heart) u-
      mocho (fire) *mwethi* (month)
   4. *michi* *mibuyu* (pl. of 2)   i-
   5. *iyito* (eye) *yino* (tooth) *ii* (egg) *iguu* (leg) *ijiwe* (stone) li-
      ikanwa (mouth)
   6. *mato meno mayi maguu majiwe* (pl. of 5)   ya-
      mafucha (oil) *mathiva* (milk)
   7. *kichu* (thing) *kitwa* (head) *kivuli* (little man) *chombo* (vessel) ki-
   8. *thichu* *thombo* (pl. of 7)   thi-
   9. *ngombe* (cow) *mbuthi* (goat) *ndofu* (elephant) *nama* (meat) *kuku*, i-
      koo (fowl) *numba* (house)
   10. Pl. of 9 identical with sing.   thi-
       kuni (firewood) *mbavo* (boards) *ndimi* (tongues) *nee* (hair) (pl. of 11)
   11. *ukuni* (piece of firewood) *ubavo* (board) *ulimi* (tongue) *unee* (a hair) u-
       uvavu (rib)

[1] Vowels in juxtaposition retain their syllabic quality.   [2] Perhaps = ʋ.

12 and 13 (lacking).
14. *vucha* (bow) *vunga* (flour) *usindithi* (sleep)   ?
15. *kupenda* (to love)   Infinitives of Verbs   *ku-*
Locative: *mahali* (place)   *pa-, ku-*
Locative Suffix *-ni*.   ?

5. *Pronominal forms*
   (a) Personal:

	Absolute	*Subject*	*Object*	*Possessive*
	imi	ni-	-ni-	-angu
	uwe	u-	-ku-	-ako
	iye	a-, u-	-mu-	-ake, -akwe
	?	chu-	-chu-	-echu
	inyi	m-	?	-enu
	wavo	wa-	-wa-	-avo

   (b) There are two degrees of Demonstrative:

   Cl. 2.   *hava*   *wale*
   Cl. 5.   *hili*   *lile*

6. *Verb Conjugation*
   (a) Tense Particles include *-na-* (Pres.); *-li-* (Past), *-ndo-* (Perf.).
   (b) Suffixes: *-e* (Subjunctive)
                 -i (Negative)
   (c) No information on Compound Tenses.
   (d) Negation largely as in SWAHILI, e.g.
                 si-vuni (I do not see)
                 si-ku-vuna (I have not seen)

(b) CHARACTERISTICS OF GIRYAMA
(N.B.B.S., p. 136)

Sources: F. I. Deed, *Giryama Exercises* (cyclostyled).

1.   *Language name*   *Tribal name*
             kigiryama   mugiryama Pl. agiryama

2. *Phonetics*
   (a) Five-vowel system: *i, e, a, o, u*.
   Vowel length not significant in Word Stems.[1]

   (b) Ur-Bantu p   t   c   k > h   h, t   ts   k
                 v   l   j   ɣ > —   r   dz   —
                 mp   nt   nc   nk > p   t   ts   k
                 mb   nd   nj   ng > mb   nd   ndz   ng

   Characteristic consonant: ð

   [1] Vowels in juxtaposition retain their syllabic quality.

3. *Tonetics.* Tonal distinctions only operate in certain contexts.

4. *Noun Classes and Pronominal Concords.* No Pre-Prefix.   C.P.

1. *mutu* (person)   *mulume* (man)   *muche* (woman)   *mwoga* (coward)   *yu-*
    mwana, muhoho (child)

2. *atu* (pl. of 1)   *alume*   *ache*   *aoga*   *ma-*
    ana, ahoho

3. *muhi* (tree)   *mukono* (hand)   *mwaka* (year)   *mwezi* (moon)   *u-*

4. *mihi* (pl. of 3)   *mikono*   *miaka*   *miezi*   *i-*
    mitsoka (big axes) (pl. of 5)

5. *dzitso* (eye)   *dzino* (tooth)   *sikiro* (ear)   *iwe* (stone)   *ri-*
    iji (egg)   *tsoka* (axe)   *ritsoka* (big axe)

6. *matso* (pl. of 5)   *meno*   *masikiro*   *mawe*   *ga-*
    maji   *matsoka*
    madzi (water)   *mafuha* (oil)   *maziya* (milk)
    matu (affairs)   *mai* (evils)   *maira* (songs)   (pl. of 14)

7. *kitu* (thing)   *kihi* (stool)   *kitswa* (head)   *chuwo* (book)   *ki-*

8. *vitu* (pl. of 7)   *vihi*   *vitswa*   *zhuwo*   *vi-*

9. *ng'ombe* (cow)   *mbuzi* (goat)   *ndzovu* (elephant)   *i-*
    kuku (fowl)   *nyumba* (house)   *ngoma* (drum)

10. Plural of 9 identical with singular.   *zi-*
    kuni (firewood)   *nyuzi* (threads)   *nyufu* (corpses)   *bao* (boards)
    (pl. of 11)

11. *lukuni* (piece of firewood)   *luzi* (thread)   *lufu* (corpse)   *lubao* (board)   *lu-*

12. *kadzihi* (little tree)   *kabuzi* (little goat)   *katsoka* (little axe)   *ka-*

13. (lacking)

14. *udzihi* (little trees) &c. (pl. of 12)   *u-*
    utu (affair)   *ui* (evil)   *wira* (song)

15. *ku-* Infinitives of Verbs only.   *ku-*

Locatives
    hatu (place)   *ha-*
    kutu (place)   *ku-*
    ha-, *ku-*, and *mu-* are used in Concord relationships.

Locative Suffix *-ni*: *nyumbani*.

Many names of animals take Concords of Classes 1 and 2. Certain names of relations take Concords of Cl. 9 and 10:

        babaye (his father); *nduguze* (his brothers)

5. *Pronominal forms*

(a) Personal:

	Absolute	Subject	Object	Possessive
	mimi	*ni-*	*-ni-*	*-angu*
	uwe	*u-*	*-ku-*	*-ako, -o*
	iye	*yu-*	*-mu-*	*-akwe, -e*
	siswi	*hu-*	*-hu-*	*-ehu*
	ninwi	*mu-*	*-mu-*	*-enu*
	ao	*ma-*	*-a-*	*-ao*

Non-personal possessive: *-e* for all Classes, Sing. and Pl.:

virima na mihi ye (the hills and their trees)

(b) There are two degrees of Demonstrative:

	Cl. 2.	*aa*	*aryahu*
	Cl. 7.	*kiki*	*kiryahu*

6. *Verb Conjugation*

(a) Tense and other Particles, preceding Verb Stem:

-na- (Pres.); *-a-* (Past); *-dza-* (Perf.); *-nda-* (Fut.);
-ki- (Participial); *-ka-* (Subsequent); *-nga-* (Contingent)

(b) Suffixes: *-e* (Subjunctive)
 -ire (Negative Past)

(c) Compound Tenses formed with Verb 'to be':

nere nikiombola (I was going out)

(d) Negative Prefixes: Sing. 1. *si-* 2. *ku-* 3. *ka-*
 Plur. 1. *kau-* 2. *haki-* 3. *kai-*

7. *Adverbial enclitics in* **-o**

kamo (he is not in here)
. . . *hurihovuka muhoni* (where we crossed the river)

15. THE TAITA GROUP

(a) CHARACTERISTICS OF TAITA

(N.B.B.S., p. 137)

Sources: Information from Mr. and Mrs. Alfred Harris.

1.
      Language name   *Tribal name*
      kidʼavidʼa   mdʼavidʼa   Pl. vadʼavidʼa
      kiteri   mteri   vateri

2. **Phonetics**

(a) Five-vowel system: i, e, a, o, u (e and o have SWAHILI values). Vowel length not significant in Word Stems.[1]

(b) Ur-Bantu

p	t	c	k > (h)	t, dʼ	s	k
v	l	j	ɣ > v	l, r	j	ɣ
mp	nt	nc	nk > mɓ	ndʼ	s	ŋg
mp	nd	nj	ng > mb	nd	nj	ŋg

Note the existence of implosive ɓ and ɗ and strong and slightly aspirated d^h and g^h, which, however, are comparatively rare. Voiced lateral fricative also exists:

    DABIDA: pesa ɮa d^hi (payment for the day)
                kumaŋga g^hi (to stick fast)

Note also Nasal Compounds, e.g. (DABIDA):

    namɓonyéɮá (I caused him to do)   <   ɓónyà
    nambónyeɮa (I showed him)   <   vónyà
    andʼu (people)   <   *-ntu
    kuɣenda (to go)   <   *ɣenda

3. **Tonetics.** Grammatical and lexical Tone highly complicated.

4. **Noun Classes and Pronominal Concords.** No Pre-Prefix in DABIDA; said to occur in TERI.

	TERI	C.P.	DABIDA	C.P.
1.	mundʼu (person)	u-, a-	mundʼu	u-
	mwanake (child)		mwana	
	mtavana (youth)		mdʼavana	
2.	vandʼu, vanake, vatavana (pl. of 1)	ve-	vandʼu, vana, vadʼavana	vi-
3.	mlomo (mouth)	ɣu-	momu	ɣu-
	mwiti (tree)		mudʼi	
	mwezi (month)		moɮi	
4.	milomo, miti, mezi (pl. of 3)	i-	memu, midʼi, meɮi	i-

[1] Vowels in juxtaposition retain their syllabic value.

TERI	C.P.	DABIDA	C.P.
5. iziso (eye) iyembe (hoe) idʒeyo (tooth)	lyi-	iƙiso iyembe iyeyo	ʒi-

6. meso, mayembe,
   madʒeyo, masikilio (ears) (pl. of 5)
mauʃu, mauta, malili (pl. of 14)
	ye-	meso, mayembe,
		   mayeyo
		mavuʃu, mavuli, maleyu
		madʼu (ears) (pl. of 15)
		mavudʼa (oil), maƙiva (milk)
			yi-

7. kituli (mortar) tʃoŋgo (head) tʃala (finger) tʃana (small child)	ki-	kidʼu tʃoŋgo tʃala kinyumba (small house)	tʃi-
8. vituli, voŋgo, vala, vana (pl. of 7) vinyumba, viŋguku (pl. of 12)	vi-	vidʼu, voŋgo, vala vinyumba, viŋguku	vi-
9. nyumba (house) mbeyu (seed) ŋguku (fowl)	i-	nyumba mbeyu ŋguku	i-
10. Pl. of 9 identical with sing. nyuzi, nyumbo, nywaka (pl. of 11)	zi-	{ nyuzi, nyumbo, nywaka { tʃuzi, tʃumbo, tʃwaka	ƙi-
11. luzi (thread) lumbo (song) lwaka (voice)	lu-	luzi lumbo lwaka	lu-
12. kanyumba (small house) kaŋguku (small fowl)	ka-	— kaŋguku	ke-
13. tunyumba, tuŋguku (pl. of 12)	tu-	dʼuŋguku[1]	dʼu-
14. uʃu (face) uta (war) ulili (bed) Note same Pronominal Concord as Cl. 3.	yu-	vuʃu leyu (basket of food) vuli	yu-
15. — Infinitives of Verbs only	ku-	kudʼu (ear) Also infinitives of Verbs.	ku-
Locatives: andʼu (place)	ku-	andʼu	ku-
Locative Suffix: -eni nyumbeni		-eni, -enyi nyumbenyi	

[1] Alternative to Cl. 8.

BANTU LANGUAGES

5. Pronominal forms

(a) Personal:

	Absolute		Subject		Object		Possessive	
	TERI	DABIDA	TERI	DABIDA	TERI	DABIDA	TERI	DABIDA
	imi	ini	ni-	n(i)-	-n(i)-	-n(i)-	-aŋgu	-apo
	uwe	oho	u-	ku-	-ku-	-ku-	-ako	-ako
	iye	uo	u-	u-	-m(u)-	-m(u)-	-ake	-ake
	isi	isi	ti-	ɗi-	-ti-	-ɗi-	-etu	-eɗu
	inyu	inyu	mu-	mu-	-m(u)-	-m(u)-	-enyu	-enyu
	wo	avo	ve-	vi-	-va-	-vi-	-awe	-avo

Non-personal Possessives for all Classes: TERI DABIDA
-ake -aɓo (its)
-awo -aɓo (their)

(b) There are three degrees of Demonstrative:

TERI	Cl. 3	uyu	uyo	yulya	(D. yuʒa)
	Cl. 7	itʃi	itʃo	tʃilya	(D. tʃiʒa)
	Locatives:	aha	aho	alya	(D. aʒa)
				kulya	(D. kuʒa)

6. Verb Conjugation (DABIDA)

(a) Tense and other Particles[1]—preceding Verb Stem:

(zero) (Fut.); -ca- (Fut.); -ka- (Narrative, Conditional)

There are also many Tense Particles beginning with a vowel, in which there are three coalescence stages of Subject Prefix:

niamanya (I &c. am knowing—Continuous)
kuamanya
uamanya
ɗiamanya
muamanya
vaamanya

namanya (I &c. know—Pres.)
kwamanya
wamanya
ɗamanya
mwamanya
vamanya
Similarly
navia- (Continuous)
nace- (Past)

neɗegamba (I &c. say—Habit.)
koɗegamba
oɗegamba
ɗeɗegamba
moɗegamba
veɗegamba

neɓe- (Remote Past+-ie)

(b) Suffixes: -aga (Continuous)
-iege (Past Continuous)[2] (absent in TERI)
-e (Subjunctive)
-ie (Past, Perfect) (TERI -ile)

(c) Compound Tenses resemble the SWAHILI pattern:

nakaya ŋgiyenda (I was going)

---

[1] TERI has fewer forms: (zero) (Pres.); -a- (Pres.); -ende- (Contin.); -je- (Fut.); -eja-, -ejile- (Perfect); -ka- (Narrative); -ka-, -ke-, -je- (Conditional).

[2] The only language noted in which -aga has a Perfect form.

In TERI with Infinitive: **nakala kuyenda** (I am still going).
Note also **nanakaile kuyenda** (I have not yet gone—i.e. I am still to go).

(*d*) Negation: DA̱BIDA:
    1st Person **si-, se-**, other Persons **nd'(e)**+Subject Prefix:
        simanya (I don't know)   **nd'ed'imanya** (we don't know)

    -se- after Subject Prefix: **niseɓonya huwei** (I don't do it that way)
        TERI: **s(i)-** prefixed to Subject Prefix.

7. *Adverbial enclitics in* **-o**
        DA̱BIDA: **nd'eiko** (it is not there)
                     nd'eviko (they are not there)
        TERI: (not observed)

8. *Other remarks*

Note that the Passive ending is **-o** in DA̱BIDA:
        nayoḵelo (I was told)

(*b*) CHARACTERISTICS OF POKOMO
(*N.B.B.S.*, p. 137)

Sources: F. Würtz, 'Zur Grammatik des Pokomo' (*Z. Afr. Spr.* 1889); F. Würtz, ed. A. Seidel, 'Wörterbuch des Ki-Tikuu und des Ki-Pokomo' (*Z. Afr. u. Orient. Spr.* 1895). Phonetic and tonetic information from M. Guthrie.

1. *Language name*
    kiʃokomo

2. *Phonetics*

(*a*) Five-vowel system: *i, e, a, o, u*.
Vowel length not significant in word stems. There is much vowel assimilation.[1]

(*b*) Ur-Bantu

	p	t	c	k	>	f[2]	h	(d)s[2]	k
	v	l	j	ɣ	>	w	(l)	dz	—
	mp	nt	nc	nk	>	mpʰ	ṇtʰ	(d)s	(ŋ)kʰ
	mb	nd	nj	ng	>	mb	nd	ndz	ŋġ

Implosive ɓ and ɗ occur in some words; ɗ is dental.
        ɗávà (debt); **ɗóórè** (cloth); **ɓao** (board)
and **f** are separate phonemes.

3. *Tonetics.* Tonal distinction only operates in certain circumstances. Tendency towards stress on last syllable.

---

[1] Vowels in juxtaposition retain their syllabic value.
[2] Written *bf* and *ds* by Würtz and Seidel.

4. *Noun Classes and Pronominal Concords.*[1] No Pre-Prefix.　　　　　　C.P.
   1. *muṅtu* (*muntu*) (person)　*mwana* (child)　(*muyume*) (man)　(*muke*) (woman)　*u-, a-*
   2. *waṅtu* (*wantu*) (pl. of 1)　　　　　　　　　　　　　　　　　　　　　　*wa-*
   3. *múhi* (*muhi*) (tree)　(*moho*) (fire)　(*mukono*) (arm)　*muí* (*muci*) (body)　*u-*
      motyo (*mocho*) (heart)　*mwezi* (month)
   4. *míhi* (*mihi*) (pl. of 3)　　　　　　　　　　　　　　　　　　　　　　　*i-*
   5. (*dsidso*) (eye)　(*gego*) (tooth)　*idyi* (*iji*) (egg)　(*iwe*) (stone)　(*sikio*) (ear)　*dji-*
      (*gembe*) (hoe)　(*loo*) (fish-hook)　　　　　　　　　　　　　　　　　(*di-*)
   6. (*madso*)　(*maji*)　(*mawe*)　(*masikio*)　(*magembe*)　(*maloo*) (pl. of 5)　*ya-*
      (*madsi*) (water)　(*mafuha*) (fat)
      mea (poems < *ma-ia*) (*maha*) (bows) (pl. of 14)
   7. (*kintu*) (thing)　(*kidswa*) (head)　*kibérya* (*kiberya*) (axe)　*tyalikóko*　*ki-*
      (*chalikoko*) (eagle)　(*chwimi*) (tongue)
   8. (*vibenya*)　*vyalikóko* (pl. of 7)　　　　　　　　　　　　　　　　　　*vi-*
   9. (*ngombe*) (cow)　(*pee*) (goat)　(*ndsofu*) (elephant)　(*koo*) (fowl)　*i-*
      (*nyumba*) (house)　*palilo* (*bfaio*) (ladder)　*nyúngu* (*nyungu*) (pot)
   10. Pl. of 9 identical with Sing.
       (*kuni*) (firewood)　(*bao*) (boards)　(*nyimi*) (tongues)　(*nywii*) (hair)　*zi-*
       (*mbafu*) (ribs)　(*bfanga*) (swords) (pl. of 11)
   11. (*ukuni*) (piece of firewood)　(*ubao*) (board)　(*unywii*) (a hair)　*tyu-*
       (*yuwafu*) (rib)　(*yubfanga*) (sword)　　　　　　　　　　　　　　　(*yu-*)
   12. (*kanwa*) (mouth)　(*kantu*) (food)　　　　　　　　　　　　　　　　*ka-*
   13. (lacking)
   14. (*unga*) (flour)　(*wia*) (poem)　(*uha*) (bow)　(*uchi*) (honey)　*u-*
       usindsizi (sleep)
   15. (*kuguu*) (leg). Also infinitives of Verbs　　　　　　　　　　　　　*ku-*

   Locatives: *bfaṅtu* (*bfantu*) (place)　　　　　　　　　　　　　　　　*bfa-*
   　　　　　 (*kuzimu*) (in)　　　　　　　　　　　　　　　　　　　　　　*ku-*
   　　　　　 [*mu-* ?]　　　　　　　　　　　　　　　　　　　　　　　　　*mu-*

   Locative Suffix *-ni*

5. *Pronominal forms*
   (a) Personal:　　　*Absolute*　　　　*Subject*　　　　*Object*　　*Possessive*
   　　　　　　　　　mími (*mimi*)　　*ni-* (*ni-*)　　　*-ni-*　　　*-áṅgu* (*-ángu*)
   　　　　　　　　　wéwe (*wewe*)　　*ku-* (*u-, ku-*)　*-ku-*　　　*-áko* (*-ako*)
   　　　　　　　　　tyétye (*cheche*)　*ka-* (*u-, a-, ka-*)　*-mu-*　*-ákwe* (*-ake*)
   　　　　　　　　　swiswi (*siswe*)　*hu-*　　　　　　*-hu-*　　　*-éhu* (*-ehu*)
   　　　　　　　　　nywinywi (*nyingwi*)　*mu-*　　　 *-mu-*　　　*-énu* (*-enu*)
   　　　　　　　　　wao　　　　　　*wa-*　　　　　　*-wa-*　　　*-áo* (*-ao*)

   (b) There are two degrees of Demonstrative:
   　　　　　　　　Cl. 2.　*háwa* (*hava*)　　*hawáde*
   　　　　　　　　Cl. 3.　*húu* (*huu*)　　　*huúde*

---

[1] Examples from Würtz; alternative renderings from Seidel in brackets.

6. *Verb Conjugation*

(a) Tense and other Particles (preceding Verb Stem)

-na- (Pres.); [zero] (Pres.); -wi- (-i-) (Past); -ka- (Subsequent); -ki- (as in SWAHILI); -ma- (Perfect); (-i-) (Pluperfect); -dsa- (-dza-) (Fut.); -nge- (Conditional); also combinations such as (-i-ki-), (-ki-dza-).

Whereas Würtz gives singular Subject Prefixes ni-, ku-, ka- for all Tenses, Seidel gives ni-, u-, a- before the Tense Particles -na- and -ki-, and ni-, ku-, ka- elsewhere.

(b) Suffixes: -e (Subjunctive)

(c) Compound Tenses. Note the following constructions with Infinitive+Locative -ni:

(hua kutsakani) (we are loving)
(hwiwa kuhendani) (we were working)

Note also nikudsáni (I am just coming)

(d) Negation: Subject Prefixes: Sing. 1. si-   2. hu- (nku-)   3. ka- (nka-)
              Plur. 1. tahu-   2. tamu-   3. tawa-
                    (ntahu-)   (ntamu-)   (ntawa-)

with most Tenses.

Negative Subjunctive: nisi-, kusi-, kasi- &c.

7. *Adverbial enclitics in -o*

bfasibfo (without); (sibfo) (I am not here); niwa(bfo) (I was there); (hako) (he is not there).

PARTLY BANTU LANGUAGES

A. CHARACTERISTICS OF AMBA (AND HYANZJ)
(*N.B.B.S.*, p. 138)

Sources: Own researches A. N. T.

1.
Language name	Tribal name		Country
kwâmba	mwâmba	Pl. ɓââmba	ʋwâmba
kɪhyânzḭ	hyânzḭ	ɓahyânzḭ	

2. *Phonetics*

Seven-vowel system: ḭ, ɪ, ɛ, a, ɔ, ʋ, ʉ (sometimes = ü).
Tendency for ɛ and ɔ approximate to e and o in neighbourhood of close vowels.
Final vowels often whispered.
Vowel length not significant.[1] Penultimate syllable usually long.[2]

3. *Tonetics*. There are tone classes in Nouns and Verbs.

4. *Noun Classes and Pronominal Concords.* No Pre-Prefix.

Only traces of a Class system are to be found, and the singular and plural are identical for *inanimates*, with invariable Concord Prefix a-. For *animates* the Plural Class and Concord Prefix is ɓa- (occasionally ʋa-).[3]

Animates (separable Prefixes)   C.P.
1. mkpá (person) ŋkaṯḭ (woman) mḭkḭ (child)   a-
7. kɪtéṯà (chimpanzee)   a-
9. ɛ̀ntɛ̀ (cow) mbʉ́ṯʉ́ (bird) mɛ́mɛ́ (goat) mbʉ̀wà (dog) (H. mbʊ̀wà) a-
mbʉŋgʉ́ (elephant) nzòkḭ (bee) ŋgʉ̀wɛ̀ (leopard)
Cf. nzɔká (snake) and ndḭ̀ɔ̀kà ('truth-snake')[4]
2. ɓakpá (people) ɓakaṯḭ (women) ɓanḭkḭ (children)   ɓa-
ʋaʋɪtéṯà (chimpanzees) ɓàŋgʉ̀wɛ̀ (leopards) ɓàntɛ̀ (cows)
ɓambʉ́ṯʉ́ (birds) ɓàmbʉ̀wà (dogs) (H. ɓàmbʊwa)

Inanimates (inseparable Prefixes)
3. mʊguwɔ (rope) mʊ̀ʋìrì (body) mɛṯḭ (tree) mʊ(h)ʉ́ (head)   a-
5. ṯɔká (axe) ṯekḭ (egg) (y)ḭsó (eye) lḭɓó (water) (H. eṯʉ́ká ṯɪkḭ ṯḭso ṯḭɓó)
6. masɛsɛ (charcoal) mḭnyo (tooth) mágìṯa (blood) máni (sunlight)
7. kɪ̀tóḭ (ear) (H. kɪtóḭ) kɪkʉ́ʋà (chest) kɪ̀ɓɔ̀kɔ̀ (arm) kɪmá (thing)
kḭ̀ègʉ̀ (leg) kɪ̀mɔ̀ṯɛ̀ (flower) küwá (thorn)

[1] Vowels in juxtaposition preserve their syllabic quality.
[2] But note: mʊṯʊ·kʉ́ (man); ʋa·ṯʊkʉ́ (men).
[3] In HYANZḬ, however, any noun may take a Plural Prefix ɓa-, e.g. ɓaṯɪkḭ (eggs); ɓaṯḭsò (eyes); ɓakɪtʉ́ḭ (ears).
[4] Cf. KONZO, p. 15.

PARTLY BANTU LANGUAGES

9. ndaɓɔ (house) mbàkɔ̀ (knife) nyàmà (meat) súŋgɪ́ (moon)
   téɓá (bow) kɔ́kɔ́ (fowl) ɗáká (tongue) sokɪ́ (saliva)
11. ʈúʈú (nose)
12. káʈá (fire) kasamɛ́ʈḭ (grass)
15. kuŋgá (spear) kɔɗúwá (arrow)
    Note also
    kuɓɪ́nà (to sing) kwâmba (Amba language). But note:
    yòŋgà kwâmba àsàkɪ̀ mànɪ̀yɔ̀ (to speak Amba is very easy)

Examples of Concord agreement:
    ʈɔ̀ká àɓṳ́lɪ́yá the axe is lost; the axes are lost (Verb)
    mbṳʈṳ́ àkṳ̀wya the bird is dead (has died)
    ɓàmbṳʈṳ́ ɓákṳ̀wya the birds are dead
    mɛ̀ndzɔ́ àndɪ̀ mûwyà that (man) is dead (Adjective)
    ɓɛ̀ndzɔ́ àndɪ̀ ɓâwyà those (men) are dead

5. *Pronominal forms*
   (a) Personal:

	Absolute	Subject	Object[1]	Possessive
	ɛ̀mɪ̀	nɪ̀-	-ni-	ndɪ̣-àmù (or -àmɔ̀)
	nèwɛ́	ṳ̀-	-ku-	ndɪ̣-àkɔ̀
	nàyɛ́	(á-)	-m-	ndɪ̣-ákɪ̀
	ɓısṳ́	kɪ́-	-kí-	ndɪ̣-ásṳ̀
	ɓınṳ́	ɓṳ̀-	-ní-	ndɪ̣-ânṳ̀
	ɓɛhɔ́	(ɓá-)	-ɓú-	ndɪ̣-áɓɔ̀

(b) There are two degrees of Demonstrative, e.g.
    ŋ-kɪ̣-ɓṳ-ɓɪ́ndà ɓa-nɪ̣kɪ́ ndzɔ̀ (I am beating these children)
    Cf. mɛ̀ndzɔ́ Pl. ɓɛ̀ndzɔ́ (that man, those people)
    ɪ̣-m-bɪ̣ndɪ̣yá mɪ̣kɪ́ ndzɔ̀ (I beat that child)
    yɔ́hɔ́ mbàta (this is a chair)
    yɔ́mà mɛkṳ́ʈṳ ndɪ̣àmɔ̀ (this is my knee)
    ınzɔ́ ndɪ̣àkɔ (that is yours)

6. *Verb Conjugation*
   (a) Tense particles (preceding Verb Stem): zero (Past), -kɪ- (2nd Person -ku-,) (Pres.); -lɪ̀kà (Continuous, Habitual), -kṳ̀- (1st Person -kɪ̀-) (Fut.), -lɪ̀ (Past).

   (b) Suffixes: Perfect -ɪ́yá: nɪ̀-vàl-ɪ́yá (I counted)
       Habitual aga: nɪ̀-kɪ̀-val-aga (I habitually count)
       Continuous -àɪ̀: nı-ʈıká-vàʈ-àɪ̀ (I continue to count)
       Past -ɪ́: nɪ̀-lɪ̀-val-ɪ́ (I counted)

   (c) Compound Tense with y(i)+simple Tense:
       yɪ́-nɪ̀-vàlàgà (I was counting)

   (d) Negation: Sing. 1. kɪ́- 2. kú- 3. ká- Pl. 1. ɓıkɪ́- 2. ɓʋkú- 3. ɓaká- prefixed to the various Tense particles.

[1] The quality of the vowel varies from -ɪ̣- and -ṳ- to -ɪ- and -ʋ- according to phonetic context: i and u are therefore used here.

7. *Genitive Construction*
　1. Possessed+Possessor: **sìkà-mú(h)ù** (hair of head)
　　　　　　　　　　　　màtàɉ-ɓɛ́ɽɛ́ (milk of breast)
　2. Possessed+ndja+Possessor: **sìkà-muu ndɉá mkpa** (hair of person)
　　　　　　　　　　　　" 　 " 　 " **ɓakpa** (hair of people)
　3. Possessed+(s)a+Possessor: **yɉsò à mbṷ̀ŋgṷ̀** (eye of elephant)
　　　　　　　　　　　　lɉɓó á ɓàndzòkɉ (honey (water of bees))

　Compare **ŋgʋ̀ʋɔ̀ à ŋgʋ́wɛ̀** (skin of leopard)
　　　　　ŋkʋwyɛ́ sa ŋgʋ́wɛ̀ (bone of leopard)
　　　　　kìkɔʋá sa mbʋ́ŋgʋ̀ (skin of elephant)

8. *The Adjective usually precedes the Noun*
　　ɓʋtʋ́á mɛ̀ɽí (many trees)　　　　But: **mɛ́ɽí pɔ́ɔnɉ** (all trees)
　　ŋ̀kyà lɉɓò (a little water)　　　　　**suŋgɉ sârʋ̀** (three months)
　　mɪkɪ́á mpɪyɔ́ (a small crocodile)　　**ɓàkpá ɓɛsâɽʋ̀** (three people)

　Sentences:
　　ɓànɉkɉ ɓà-kí-nwá-gà mwɛ̀ŋgɛ̀? (Do children drink beer?)
　　ɓa, ɓa-ka-kí-nwá-gà mwɛ̀ŋgɛ̀, ɓa-kí-ɽʋŋá-gà ɓɛ̀ɽɛ̀ (No, they do not drink beer, they sip milk).

B. CHARACTERISTICS OF MBUGU
(*N.B.B.S.*, p. 138)

Sources: C. Meinhof, 'Linguistische Studien in Ostafrika. 10. Mbugu.' (*M.S.O.S.* 1906).
B. Copland, 'A note on the origin of the Mbugu with a text.' (*Z. Eingeb. Spr.* 1934).
(Orthography adapted in both cases.)

Meinhof draws attention to the possibility of some affinity between MBUGU and 'MBULUNGE'(BURUNGI). Comparison of vocabularies of MBUGU, BURUNGI and IRAQW shows that there is some vocabulary affinity in Nouns, though apparently not in Verbs (the MBUGU vocabulary on p. 74 should be compared with IRAQW, pp. 86–87).

1. *Language name*   *Tribal name*
    kimaanthi (Meinhof)   Pl. **wamaanthi** (Meinhof)
                              vama'a (Copland)

2. *Phonetics*

(*a*) Five vowels given by Copland; Meinhof writes nine, but makes no statement about phonemes.
Vowel length present, but nothing is known of its significance.

(*b*) Characteristic consonants: laterals **tl, dl, ɬ**; **t** and **d** dental; flapped **ɽ** or **r** as well as **l**; palatal **ty** (or **ky**) and **dy**; **p** in non-Bantu words (SHAMBAA **p > h**); nasal **+p, t, k > mph, nth, ŋkh**; **v** apparently alternates freely with **w** in Prefixes.

3. *Tonetics*: tone sometimes marked by Meinhof, but nothing is known of its significance.

4. *Noun Classes and Pronominal Concords* (some Nouns have no Prefixes; in others the Prefix is sometimes omitted, especially in the Singular). No Pre-Prefix.

1. **muhɛ́** (person)   **naseta** (woman)   a-
2. **vahɛ**   **vanaseta**   **vamilo** (children) (pl. of 1)   va-
3. **muxatu** (tree)   **(mu)aɬa** (fire)   **haraza** (river)   u-
4. **mixatu**   **miharaza** (pl. of 3)   i-
5. **ila** (eye)   **(i)diɛ** (dog)   li-
6. **maila**   **madiɛ** (pl. of 5)   **maxuusɔ** (bows) (pl. of 14)   ?
    masaamu (feet) (pl. of 15)
7. **kizɔɔga** (shoulder)   ki-
8. **vizɔɔga** (pl. of 7)   vi-
9. **ŋgɪɪlá** (bee)   **ximɛɛnɔ** (bird)   i-
10. Pl. of 9 identical with sing.   dyi-
    haabi (firewood) (pl. of 11)
11. **luhaabi** (piece of firewood)   lu-
12. **kavaaha** (knife)[1]   ?
13. (no evidence)

[1] The only Noun in this Class recorded.

14. **ʋuxuusɔ** (bow)
15. **kusaamu** (foot)
 kuyɛ (to bite) Infinitives of Verbs
  u-

Traces of Locatives in: **hakuzoxo** (place to live in)
   kudyimu (the spirit world)

5. *Pronominal forms*

 (a) Personal:

	Absolute	*Subject*	*Object*	*Possessive*
	ááni	ni-	-ni-	koo
	aarí	u-		
	hy̨	a-	-m-	kuu
	níínɛ	tu-	-tu-	kanu
	kúúnɛ	mu-		kini
	hu	ʋa-		

 (b) Invariable Demonstratives **ka** (this); **hu** (that).

 (c) Interrogative **-mo**: **tu-ne-sa-mo** (we shall do what?).

6. *Verb Conjugation*

 (a) Tense and other Particles (preceding Verb Stem): **-a-, -e-, -aka-, -eku-, -ala-** (all appear to be Past); **-ne-** (Fut.).
 Note also **tu-na-so** or **na-tu-so** (let us go).

 (b) Suffixes: **-e** (Subjunctive, Past—of Verbs ending in **-a**):
  akate (let him cut)   But: **tuʋala** (let us wait)
  ʋakakwekwe (they fought)   cf. **ʋekwekwa** (they fight)
 Verbs ending in other vowels apparently do not change:
  na tuso (let us go)   cf. **akaso** (he went)
  tugululu (let us flee)   cf. **-gululu** or **-gulula**[1] (to flee)

 (c) No Compound Tenses noted.

 (d) Negation: **te-** preceding Subject Prefix.
 Examples of Conjugation (from Copland):
  ʋazoxo (they stayed)   **ʋeba'** (they said)
  dyabu' (they (cattle) arrived) **eba'** (he said)
  ʋadori (they took)   **ʋakaba'** (they said) (Narrative?)
  ʋakazoxo (they stayed)   **dyalaso** (they (cattle) went)
  ʋyekuzoxo (they stayed)   **enetuodyo** (he will give us)

 Meinhof notes that Verb Stems are usually monosyllabic (CV) and do not necessarily end in **-a**: **ma** (beat); **ɨy̨** (fall); **ɨu** (grow); **ŋɛ** (bite).
 Only one Derivative Suffix has been noted: the Passive **-wa**:
  abawa (he was called)
  ʋakatyi'iwe (they were taken away)
  dyadyoriwe (they (cattle) were taken away)

[1] Perhaps an attempt to Bantuize a non-Bantu root.

7. *Other remarks*

na is used much as in Bantu languages:
vakakwekwe na vamasae (they fought with the Maasai)
tunexita na kala (we shall die of hunger)
Note also **vakabu' na mphale** (they went to Pare).

MBUGU VOCABULARY

Words which appear to be related to IRAQW (see pp. 86–87) marked with an asterisk.

axe	hɔɔyṳ́	honey	naa
belly	mas	bee	ŋgɪɪlá
bird	ximɛɛnɔ	hut	mi
*blood	saaxɔ	knife	kavaaha (Pl. vwaha)
*cow	dɛ	*man (homo)	mu-hɛ́ɛ (Pl. va-)
dog	(i)diɛ́	(vir)	agiɽu (Pl. va-)
ear	i-lama (Pl. ma-)	meat	niihii, nyama
egg	ɛ-xɔxɔha (Pl. ma-)	*milk	iiba
elephant	aro, nthembo	*month	ɬihɛ
*eye	ila¹ (Pl. ma-)	mouth	mu-ɔ́ (Pl. mi-)
*fire	(mu-)aɬa	*nose	nuŋa
*firewood	haabi (see under 'charcoal' in IRAQW)	*pipe	ki-puundɛ (Pl. vi-) [BURUNGI kubɛɛnde]
foot	ku-saamu (Pl. ma-)	spear	'tɔɔrɔ (Pl. ma-)
goat	aafa, aamɔ	sun	aazi, iaazɛ
hair	aaɬṳ́	tooth	iike
hand	(mu-)haɽɛɛɣa (Pl. mi-)	*tree	(mu-)xatu (Pl. mi-)
head	mu-a (Pl. mi-)	water (flowing)	mwezi
*hill	ana, bwa [GOROA ʕon]	woman	naseta (Pl. va-)

¹ Perhaps Cushitic—cf. SOMALI.

NON-BANTU LANGUAGES

A. MORU-MANGBETU VOCABULARIES
MVU'BA AND DRUNA (SOUTHERN LENDU)
(N.B.B.S., pp. 138-9)

Sources: MVU'BA: own researches A. N. T.
DRUNA: P. E. Hackett (a few words from A. N. T. in brackets).

Note on DRUNA Phonetics

kp is implosive. Note glottal stop preceding implosive ɓ, ɗ, ʄ.
All vowels are recorded as heard, the phonetic system not having been fully analysed. A vowel in brackets denotes that the preceding consonant is syllabic but contains the *quality* of the bracketed vowel.

	MVU'BA	DRUNA
axe	tsàhí	àlɔ
belly	hékpé	alɛ-'ɔ́
bird	hɔ́sá	àr(ɛ̀)
blood	húrú	alɛ-zù
cow	ɓùrè	ʄkʄ (tsź, tsí̧)
dog	iɓú	ṭsɪ
ear	úpí	alɛ-bʄ
egg	háɓó-ɓù	(a'ú-gbʄ)
elephant	úhú	ɔ́yú
eye	wéhéhí	alɛ-nìkpɔ́
fire	òkpí	kàz(ɔ́) (kàsə)
foot	háṛú	alɛ-pfɔ́
goat	mémé	ìndr(ɛ̀) (ndrə̀, ndrɨ̀)
hair	útʃù-hàɗɪ	alɛ-dɔ-ká Sing. àyí
hand	híɗí, éɗí	alɛ-ṭsú (dʒò)
head	útʃù, útsù	alɛ-dɔ́ (θɔ́)
honey	mèṛí	íṭí
bee	mèṛí-ŋgbì	kìæ̀yí
hut	ɔdzá, ɔnzá	ɪdzà
knife	ivɔ́	óbʄ
leopard	háú̧	à'ɗáθa
man (homo)		ǹdrụ, alɛ
(vir)	àví-ákpí	kpaṭsɪɓalɛ Pl. kpaɓálɛ
		(gbatsə-kɛ Pl. gbɛtsí-ndrú)
meat	úṛá	zà
milk	màrà-í, úpfó-i	màkʄ
month	rìbá, rìmbá	àbʄ
mouth	uri	alɛ-ṭsɔ̀
nose	rɔ̀gí, rɔ̀ŋgí	alɛ-ndì, àlɔ-ndì

	MVU'BA	DRUNA
spear	r̝ìpè	àlɨ̀
sun	ɔɪ	á'ɟɨ (ɟɨ́)
tongue	r̝ɛtʃu, r̝ɛtsu	alɛ-dà
tooth	ùsè	alɛ-kʊ
tree	ʊ́kpá, ʊŋgba	ɨ̯tsʊ̯́
water	úwi	ɨ̯'ɗa (ɗà)
woman	dór̝é	tsɪβ́́élɛ Pl. vɨ̀βalɛ
		ndrʊ̯-áɨ̀ Pl. ndrʊ̯-àɨ̀

B. NILOTIC VOCABULARIES
ALUR, ACOLI, LANGO, ADHOLA, LUO
(*N.B.B.S.*, p. 139)

Sources: Own researches A. N. T.

The Southern LWO languages show close vocabulary correspondence. In addition ALUR shows affinities with LUO and ADHOLA which ACOLI and LANGO (LADO) do not. In many words in ALUR, ACOLI, and LANGO there is no separate form for the Plural.

Pronunciation. In all languages except ACOLI and LANGO ṭ and ḍ are distinct from t and d (note that in ALUR the voiced sound is implosive).

In ALUR and LUO Stem vowels tend to be half-long, in ACOLI and LANGO they are short. In the latter languages intervocalic t and k are often realized as ɽ[1] and x. Thus a narrow phonetic rendering of the words for 'to walk' and 'woman' would be:

    ALUR–LUO   wo·ṭo   ɗa·kɔ
    ACOLI–LANGO   woɽo   daxɔ or even dayɔ

This refinement is not shown in the word-lists, however.

In the languages here dealt with all close vowels (i̱, e, ä, o, u̱) are pronounced with 'breathy' voice, the open vowels (ɪ, ɛ, a, ɔ, ʊ) with hard, or normal voice. Under certain conditions of 'Umlaut' there is sound-change from normal to breathy voice.

[1] Written ṭ by Crazzolara, *A study of the Acooli language* (1938).

78 NON-BANTU LANGUAGES

	ALUR		ACOLI		LANGO		ADHOLA		LUO	
	Sing.	*Plur.*	*Sing.*	*Plur.*	*Sing.*	*Plur.*	*Sing.*	*Plur.*	*Sing.*	*Plur.*
axe	lɛt		lɛɛ̀		lɛ̀ɛ̀	lɛ̀ɛ̀	lɛ̀		lɛ̀	lèḍɟ
belly	(y)ɪʃ		'ɪc		yɪc		'ɪc		ɪ̀(c)	
bird	(o)wɪnyɔ		wɪnyɔ		wɪnyɔ	wɪny(ɪ)	wɪnyɔ́	wɪnyɪn	wɪnyɔ́	fyḗ wɪny
blood	rèmó		rèmʉ̀		rèmɔ̀		rèmɔ̀		rèmɔ̀	
cow	dyàŋ	dyéŋ, ḍok	dyàŋ	dyáŋɪ	dyàŋ	dòk	dyàŋ	ḍòki	dyàŋ	ḍòk
dog	gwôk	gógɟ	gwôk	gwóg̣ɟ	gwôk	gwógɟ	gwòk	gúòkèrè	gùòk	gyuogɟ
ear	ɪt		ɪt		yɪ́t		ɪ́:t	ɪ́:tɪ́	ɪt	ɪtɪ
egg	tôŋ(g) gwenɔ̀		tôŋ gwenɔ̀		tôŋ gwenɔ̀		tôŋ gwènɔ̀ tôŋ gwèngɪ		tɔŋ(g) gwènɔ̀	
elephant	lyèʃ		lyèc	lyècɟ	lyèc	lyècɟ	lìéc	lièćɪ	lìéc	lìéc
eye	wàŋ		wàŋ	wàŋɪ	wàŋ		wàŋ	wàŋɪ̀n	wàŋ	weŋge
fire	ma(t)ʃ		mac		mac		ma:c		mac	
foot	tyèlɔ̀, tyen(d)		tyên, tyèlɔ̀		tyên, tyelɔ		tiendi		trèlɔ̀	tjende
goat	dyèl		dyèl	dyégɟ			diel	diégɪ	drel	djek
hair	yjer		yèr		yjìr		yìerɪ		yɟe(r)	
hand	ʃɪŋ(g)	ʃɪŋ(g)	cɪŋ		cɪŋ		cɪngɪ		cɪŋ(g)	
head	wɪʃ		wɪc		wɪc		wɪc		wɪc	wɪye
honey	mɔ ki(t)ʃ		nyɪŋ kɪc		kɪc		mɔ kɪc		mɔr kɪc	
bee	kɪ(t)ʃ		kɪc		kɪc		kɪc	kɪcɪnɪ	kɪc	
hut	ɔt	ʉdɟ	ɔ̀t	ódɟ	ɔ̀t	údɟ	ɔ̀:t	ʉ́dɟ	ɔ̀:t	udɟ
knife	pala		pàlà		pàlà	palê	pa:la	palɪnɪ	pàalà	peɟenɪ
leopard	kwa(t)ʃ		kwác		kwàc	kwácɪ	kwa·c	kwacè	kwac	kwaye, kwêc
man (homo) (vir)	ḍánɔ	ɟʉ̀	ḍánɔ̀	ɟɪ̀ɪ̀, ɟèò	dano	ɟoo	ḍá·nɔ̀	ɟò,ɟɪ	ḍánɔ̀	ɟɔ
meat	nɪcɛ̀ɛ̀	ʃèè	làcɛ̀ɛ̀	cɛ̀ɛ̀	ɟcɛ̀ɛ̀	cɛ̀ɛ̀	ɟáctɪè	cʉ̀ɛ̀	cwɔ(r)	
milk	rɪŋo	ʃak	rɪŋo	cak		cak	rɪŋɔ́	rɪŋ càːkɪ	rɪŋɔ́	
moon	dwej		dwèè		dɔ́g		dɥè		dwè	cyaák
mouth	ḍóg		ḍòk, ḍóg		ɥm		ḍòk	ḍòkê	ḍɔ(k)	dwe(c)e
nose	ʉm		ɥm		tóŋ		ʉ́m		ʉ́m	ḍòŋ, ḍógɟ
spear	tóŋ		tóŋ	tòŋɪ	cèŋ		tóŋ	tɔŋge	tóŋ	ɥmɪ
sun	c(y)èŋ		cèŋ		lɛ́p, lɛb		cíɛ́ŋ		cɪ́ɛŋ	toŋge
tongue	lɛp, lɛb		lɛ́p, lɛb		làk		lɛ́w		lɛ́p	
tooth	làk		làk		yàt	yàdɪ, yén yàt	là:k		làk	lake
tree	yàt	yen	yàt				yà:t	yìen	yàt	yeḍe
water	pɪɟ	pɪɟ	pɪɟ			pɪɟ		pɪɟ		pɪɟ
woman	ḍákɔ̀	mɔ́n	ḍákɔ̀	mɔ́n	dakɔ	mɔ́n	ḍaːkɔ̀	mɔ́:mɪ	ḍákɔ̀	mɔ̀n

C. NILO-HAMITIC VOCABULARIES

(N.B.B.S., pp. 140–1)

(a) TESO AND MAASAI

Sources: Own researches A. N. T.

Note. Although grammatically these languages are distinct, in vocabulary they have much in common—more than has either with the NANDI Group. Note also the presence of many Nilotic Stems (marked with asterisk).

In MAASAI **p, t, c,** and **k** tend to be slurred intervocalically, and sound almost like **b, d, j** and **ǵ** after nasals. This refinement of pronunciation is not shown in the following word lists. The true voiced sounds are slightly implosive.

All close vowels tend to be pronounced with slightly breathy voice, open vowels with hard, or normal, voice, somewhat as in the Nilotic languages.

Note: Semi-mute vowels in TESO and cf. OROMO (p. 84).

	TESO		MAASAI	
	Sing.	Plur.	Sing.	Plur.
axe	*áyèpɛ	áyepej'	entólú̦	intolú̦ó
belly	akəıkı	ákófkès	ɛŋkófə̀kè	iŋkófù̦à
bird	*ékwènyì	íkwényí	{ emótonyî̦ / *eŋkwényi̦ }	imotónyi̦ / ıŋkwény
blood	á(w)ɔ̀kɔ̀tɔ̀		əsárgé	ısárgétà
cow	*a(k)ıtɛ(ŋ)	á(k)i̦tú̦(k)	*eŋkítéŋ	iŋkífú̦
dog	*é(k)i̦ŋòk	i̦ŋòkwo'	oldi̦à	ildi̦èi̦n
ear	*áki̦tí	áki̦ì̦'	eŋkíɔ̀ɔ̀k	iŋkíyi̦aa
egg	ábéèt	abej'	olmosori̦	ilmósòr
elephant	étɔ̀mɛ	itomej'	{ əltɔ́mé / əlkáncáój }	iltomíá / ılkancaonj
eye	*ákɔ̀ŋù̦	ákɔ̀nyɛ, ákɔ́nyɛn	*eŋkəŋú	ıŋkɔnyek
fire	*áki̦mì	ákímyán	*eŋkímá	ıŋkímáj̦tj̦è
foot	ákèjù̦	ákèjé(n)	eŋkɛj̦ú	ıŋkɛj̦ék
goat	áki̦néí'	áki̦nèj'	eŋkíné	iŋki̦neji̦
hair	étímàtɔ	i̦tími̦a	əlpápítá	ılpápít
hand	ákànì	ákánî̦n	eŋkáíná	ıŋkáík
head	ákòù̦'	ákwésí	{ ɛlúkúnyá[1] / eŋkwé }	ılúkúny / iŋkwej̦fí
honey	ési̦kɛ		enáj̦fó	ináj̦fí
bee	awu'	awu', awen, awak	olotórokj̦, olotórój	ilotóròk
hut	{ étògò / ákàyi̦' }	i̦togoi̦ / akayi̦n	eŋkaji̦í	ıŋkáji̦ji̦ik
knife	ɛkılɛŋí	íkılèŋa'	eŋkálém	ıŋkalemá
leopard	éri̦sɔ	i̦ri̦saj'	olowu̦ärú	ılówu̦árâk
man (homo)	etúŋánán	(k)i̦túŋá	əltuŋáni̦	ıltúŋáná
(vir)	éki̦li̦oki̦t	iki̦li̦okù	əléè	ıléwà
meat	*áki̦ríŋ	áki̦ri̦ŋó', áki̦ri̦	*eŋki̦ri̦ŋó	iŋki̦rí
milk	aki̦le	aki̦lèi', aki̦lèt		ku̦lé
month	élápɔ	i̦làpyó'	əlápà	ılapaj̦tín
mouth	*a(k)ıtu̦ku̦	á(k)i̦tú̦kè(s)	*eŋkútúk	iŋkútú̦kí(é)
nose	*éku̦mè	i̦kú̦mes	*eŋku̦mé	iŋku̦mefin
spear	ákwǎrá	ákwǎràs	eremét	iremétá
sun	*ákɔ̀lɔ̀ŋ	ákɔ̀lɔ̀ŋya'	*eŋkɔlóŋ	iŋkólòŋi̦

[1] Also ɛndu̦kúyà.

	TESO		MAASAI	
	Sing.	Plur.	Sing.	Plur.
tongue	*aŋajepɛ	áŋajépà'	*ɔlŋéjép	ɪlŋejepá
tooth	*ékèlàị'	íkèlà	*ɔlalái	ɪlálá
tree	ɛkɪtɔɪ'	íkɪtɔ̀'	ɔlcaní	ilkeék
water	*ákịpị	ákịpịsínèì'	ɛŋkáré	ɪŋkáríák
woman	aberʋ	áŋɔ̀rɔ̀	eŋkịtók	iŋkịtụ̀àak

(b) THE NANDI GROUP

Sources: KIPSIKIS: Own researches A. N. T.; words from G. W. B. Huntingford in italics.
OKIEK: G. W. B. Huntingford.
TATOG(A): G. M. Wilson; G. W. B. Huntingford (in square brackets).

The dialects NANDI, KONY, SAPINY, and KIPSIKIS are so closely interrelated that only one need be given here; all examples are therefore in KIPSIKIS, except for a few words in other dialects (in brackets).

The dialect of the *OKIEK (DOROBO)* differs sufficiently from the rest to be included here. The TATOG dialects are so divergent as to be regarded as a separate unit; examples from BARABAIG are given: it contains many loan-words from MAASAI, but their Plural forms follow the NANDI pattern, and initial ol- is not changed to il-.

NANDI–KIPSIKIS may be said to have a five-vowel system in which each vowel has a close and an open variant. Very often these variants distinguish words:

Examples from KIPSIKIS:

Close	Open
sị·r (surpass)	sɪr (write)
kụụt (plane)	kʋʋt (blow)
keer (see)	kɛr (shut)
ikoor (patch)	kɔr (render oil)
sæp[1] (be well)	sap (stalk)

In certain grammatical forms, however, all vowels are close:

asị·ré (I surpass)	asịré (I write)
akụụté (I plane)	akụụté (I blow)
akééré (I see)	akéré (I shut)
â·kóóré (I patch)	akóré (I render oil)
asæpé (I am well)	asæptóyí (I stalk)

There would appear to be three degrees of vowel length; half-long vowels are indicated by a dot, fully long vowels are doubled.[2]

The NANDI–KIPSIKIS consonant phonemes **p, t, c,** and **k** have the following values:

Initial	p	t	c	k
After **n** and **l**	b	d	j	g
Inter-vocalic (even between words)	b, ʋ	t	j	g, ɣ

---

[1] æ is a back vowel similar to that in English 'cot', and often hard to distinguish from ɔ. It is written ɒ in the *Handbook of African languages*, Part III.

[2] In addition short and long vowels may be juxtaposed, thus making the representation of length very difficult.

with much variation according to the speed of utterance.
Thus:

    pê·ndį (they are going)
    kįbe·ndį or kįvé·ndį (we are going)
    magįbé·ndį or mayįve·ndį (we are not going)

So, too **agųų́té** or **ayųų́té, asǽbé** or **asǽvé**, in the Verbs given above.

In the vocabularies, however, this refinement of pronunciation is not shown. There are no separate **b, d, j, g** phonemes.

It would appear that the same conditions hold in TATOG, but, pending phonetic analysis, these sounds in the BARABAIG vocabulary are recorded as reported.

Note: The name KALENJIN has recently been coined by NANDI and KIPSIKIS speakers to denote the whole Language Group, and is now used in some modern vernacular literature.

NON-BANTU LANGUAGES

	KIPSIKIS				OKIEK				BARABAIG	
	Indefinite		Definite		Indefinite		Definite			
	Sing.	Plur.	Sing.	Plur.	Sing.	Plur.	Sing.	Plur.	Sing.	Plur.
axe	*áiyuàò	áònòl (àóōn, aiunoi)	áiyúet	áònò·k (àónǐk, aiuno·k)	ndolu	ndolus	ndolut	ndolusiek	jomot [comot]	jomajek [comacek]
belly	mòò	mòòtìnwà (mòòn)	mòé·t	mòòtɪnwèk (mò·nik)	*engayai	engayaiis	engayait	engayaiek	jet [kalet]	jesiŋk [kalenik]
bird	tàrı̇·t (tàrì·tyá)	tàòrɪ̇·t	tàrı̇·tyet	tàòrɪ̇·tɪ̇k	tarit	tari·t	tarit	tari·tik	daridamt [taritamt]	daridak [taritak]
blood	kòrètyò (korotion)	kòròti	kòràtyòt (kòràtio·t, korotiondet)	kòrètɪ·k	olodoi		olodoit		foijent [focant]	foijanyek [focanyek]
cow	*tàny	tic	tè·tà	tú·kà	*tany	tic	te·ta	tu·ka	*ded, det, tet	du·k, tuk
dog	*ŋóok (sésè)	ŋóòktɪn (sèséén)	ŋóòktò (ŋookii, sèséét)	ŋóòkɪ̇ǰk (sèsè·ŋɪk)	*ɲɔ·k	ɲɔ·k	ɲɔ·kto	ɲɔ·kik	[kutet]	kutacek]
ear	*ɪ̇jɪt	ǰǰtɪn	ǰǰtɪt	ǰǰtɪ̇·k	*iit	iitin	iitit	iiti·k	i·i·t *iit, iitit	i·dik iitik]
egg	mày̌àiyân (mekeiyo(u))	màyáijɪn (mekei(s))	mayáiyat (mekeei, mekeiyondet)	mayáiyinɪk (mekeiik, mekeisiek)	koi	koiin	koiin	koiik (= stones)	bu·ruŋiryant [puruŋinyant]	bu·ruŋk purunjk]
elephant	pè·lyàōn (pèlyòò)	pèlè (pé·l, pe·lis)	pe·lyàò·t (pelionedet)	pè·lé·k (pe·li·siek)	pe·l	pe·lio	pe·liot	pe·lek	beʃt [peʃt]	beʃak, beʃgwak [peʃak]
eye	*kòŋ	kònyán, kònjın	kònda (konda)	kònyek	*kon	koɲin	konda	kojik	*yayt [koŋt]	yanyaŋk konyaŋk
fire	*ma·	màostjınwɑ̀ (màostɪn)	màát (ma·ta)	màostjınwèk (mo·tik, mo·tinuek)					bast [peʃt]	basyek peʃak]
foot	kè·l	kélyén	kèldaò	kèlyék	kel	kelien	keldo	keliek	ge·ʃt	ge·ʃaŋk (keʃan, keʃaŋk]
goat	àran (àra)	nò	àrèt	nè·kɑ̀	cepkwoce	cepkwoceis	cepkwocet	cepkwoceisiek	mboiit	nok
hair	sùmèyəɔn (sùmèʃyaɔ, pution)¹	sùmèj (sume, put)	sùmeyaɔt (putiondet)	sùmè·k (putek)	sumeyo	sume	sumeiyot	sumek	bu·dant [putant]	bu·dek put, putak]
hand	e·ɪ̣ (e·j̣, e·, a·)	é·ɪ̣n (a·un)¹	éɪ̣·t (a·u·t)	éɪ̣·nék (a·u·nék)	e·	e·n	e·u·t	e·u·nek	menekt [korokt]	menegu·k korobuaik]
head	mét²	métòà	métɪ̣t	métòé·k	esikoyoi	esikoyois	esikoyoit	esikoyoisiek	u·hut	i·heiŋk[uhemik]
honey	kòmyán (kòmyá, kumiat)¹	kòmɪ̀n (kumi, kumiatin)¹	kòmyát (kumiatet)¹	kòmfk (kumiati·nik)¹	kumia	kumin	kumiat	kumik	u·di·cant [u·ticamt]	u·dik u·tuk]
bee	sèkèmyàn sèkèmjá)	sèkèm	sèkèmyát (sekemiandet)¹	sèkèmɪ̇k	sekemia	sekem	sekemiat	sekemik		

NON-BANTU LANGUAGES

hut	kɔ́	kɔ́rɨ́n	kɔ́ɔ́t	kɔrɨ́·k	kocongeˀ	kocongɛs	kocongɛt	kocongɛsiek	yaieit [ket]	galk
knife	rô·twàò	rô·tóɟ	rô·twét	rô·tó·k	cambolua	cambolo·s	cambolwet	cambolo·siek	bart [part]	bargwak paruak]
leopard	cèplángà (melil)	cèplóŋgóɟ (rotonai), rotonaiik	cèplángɛ̀t (melildo)	cèplóŋgók (melil, rotoŋik, melilueɤ)	melil	melilua	melildo	meliluek	mari·rit [marirt]	mari·rak
man (homo)						pi·c	ci·to	pi·k	[sit]	punek, fu·k
meat	pény[2]	pàny	pendáò	pànyɛ́k	nyanya	nyanyais	nyanyait	nyanyaisiek	bi·cit	banyek [panyek]
milk	*	cèɟ		cè·ko	*ceiyo	ce	ceiyot	ce·ko		anog[a]
	(ceiyo)	(cè)	(ceiyot)							
moon	ɔ̀rà·wà	ɔ̀ɔràò (aro·k)[1]	àrà·wet	ɔɔró·wék (aro·k)[1]	arawa	arawa	arawet	arawek	ʃet	ʃeidik, ʃek
mouth	kɔ́·t	kʊ́tʊ́swá (kutua)	kʊ́·tɨ́t	kʊ́tʊ́swɛ́k (kutuek)	kut	kutua	kutit	kutuek	yu·t [kut]	yu·sik
nose	sèr	sèrɨ́·n (seru·twa)[1]	sèrɨ́·t	sèrɨ́nɛ́k (serutwek)	ser	seru·n	seru·t	seru·nek	saret	saren, sarenyek [saremk]
spear		ŋɔ́tɨ́ɔ́	ŋɛ̀tɨt	ŋɔ́twɛ̀k	olmorondoi	olmorondois	olmorondoit	olmorondoisiek	yu·t	ŋu·joɟek
sun	ásɨ̀s	ásɨ̀swà	ásɨ̀stà	ásɨ·swɛ́k	asis	asiwa	asista	asiswek	dakamot	
tongue	*ŋèlyép	ŋèlyép (ŋèlyépwàò)	ŋèlyɛ̀pta	ŋèlyepɛ́k (ŋèlyèpwɛ́k)	olkecei	olkeceis	olkeceit	olkeceitsiek	*ŋuʃept [ŋuʃapt]	ŋuʃeŋgak ŋuʃapuak]
tooth	kèldà (kelia)[1]	kɛ·lat (kel)[1]	kɛ̀ldɛ́·t (keliet)[1]	kɛ·lɛ́·k	kelda	kelat	keldet	ke·lek	geiʃadeit [ke atet]	geiʃatk keʃatk]
tree	kè·t (kè·t)	kè·tɨ́n (kèet)	kɛ́·tɨ́t	kɛ·tɨ́·k	ket	ket	ketit	ketik	get [ket]	gedik ketik]
water	*péiyòn (peiyo)	péi	péiyɔ̀·t	péék (pe·ko)	engare	engares	engaret	engaresiek	*	bek [peek]
woman	kàòrkàò (cepioso)	kàòrɨ̀·s (cepiosoi, korusio) (cepiosua)	kàòrkɛ́·t (kùàòndàò) kwɔ̀nyɛ́ (cepioset)	kàòrɨ́·syɛ̀k (koruk) (kwó·nyí·k) kwɔ̀nyí·k (cepioso·k cepiosuek)	korko cepioso	korus cepiosoi	korket cepioset	korusiek cepioso·k	gatamod [katmot]	gademk katemk]

* = words with undoubted NILOTIC affinities.   [1] KONY forms only.   [2] From GALLA?

D. CUSHITIC VOCABULARIES
OROMO (GALLA) AND SOMALI
(N.B.B.S., p. 142)

Sources: OROMO: Dialect of Walagaali recorded by B. W. Andrzejewski and A. N. T. Words in italics adapted from Gaetano da Thiene, *Dizionario della lingua Galla*, probably in the Tulama dialect.
SOMALI: B. W. Andrzejewski and Musa H. I. Galaal.

Note: SOMALI, like NANDI-KIPSIKIS, has a five-vowel system; here each vowel has a retracted and a fronted variant, but these variants rarely distinguish words.

Fronted	*Retracted*
díjd (refuse)	dííd (faint)
dúǚl (attack)	dúùl (fly)
mǽæ̀g (hesitate)	máàg (attack without cause)
	lèèf (lick)
	bɔ́ɔ̀b (snatch)

In certain grammatical categories all vowels are fronted:
  díjd (he refused; he fainted)
  dúǚl (he attacked; he fled)
  mǽæ̀g (he hesitated; he attacked without cause)
  lèèf (he licked)
  bööb (he snatched)

In OROMO, semi-mute final vowels occur: these are represented here by italics, and must be distinguished from (i) simple vowels, (ii) vowels+glottal stop:

lóla (fighting), lólá (fighter—Genitive Case); lólá' (fighter)

In SOMALI, words ending in a vowel or in the consonants **l, n, r, w, y,** are followed either by a glottal stop or by slight aspiration (here shown by [h]), the consonant being devoiced.[1]

In the OROMO dialect recorded here the Plural is regularly formed by adding **-ótá** to long Stem vowels, **-óótá** to short Stem vowels, e.g. **naddeenótá, saróótá**.
Moreno[2] notes a series of Plural Suffixes.

	OROMO[3]		SOMALI[4]	
	(Andrzejewski)	(da Thiene)	*Sing.*	*Plur.*
axe	**qoto'**	*qotto (-n)*	gụdjn' (F.)	gụdmö[h] (M.)
belly	**garaa'**	*gara (-n)*	úùr[h] (M.)	uurar[h]

[1] These phenomena belong to the prosodic rather than the morphemic character of the languages, though in SOMALI there is a link with Gender.
[2] *Introduzione alla Lingua Ometo*.
[3] Subject Suffixes in brackets.
[4] Grammatical Gender in brackets. Note that many Nouns have different Genders in Singular and Plural ('Polarity').

NON-BANTU LANGUAGES

	OROMO		SOMALI	
bird	simbírró'	(-n)	ʃímbìrʰ (M.)	ʃımbıɽɽɔʰ (F.)
			ʃımbır' (F.)	ʃımbıɽɔʰ (M.)
blood	ḍííga	(-ghni)	ḍíig	
cow	sa'a	saa Pl. saūa (-n)	saˁ (M.)	saˁyaalʰ (F. or M.)
dog	sáré'	(-n)	éjʰ (M.)	ej' or ejyöʰ (F.)
ear	gurra	(-i)	ḍeg (F.)	ḍegöʰ (M.)
egg		ankako (-n)	uɢaħ (F.)	uɢħan', béèd[1]
elephant	árba	(-i)	árbè' (M.)	arbayaalʰ (M.)
eye	ija	Pl. ijaūan	ıl' (F.)	ıṇḍɔʰ (M.)
fire		ibidd-a (-i)	dab (M.)	dabab (M.)
foot	milla	mil-a Pl. milan (-i)	lʊg (F.)	lʊgɔʰ (M.)
goat	re'e'	Pl. reota (-nni)	ɽɽj' (F.)	ɽɽjyyöʰ (F.)
hair		rifens-a (-i), dabbasa (-n)	tınʰ (M.)	tımɔʰ (M.)
hand	(h)arka	hark-a (-i)	gaˁan' (F.)	gaˁmɔʰ (M.)
head	mataa'	(-n)	mádàħ (M.)	madaħyɔʰ (F.)
honey bee	dámma	(-n) kann-isa (-ifni)	malab (M.) ʃınnı'	
hut	gojjo', mána	(-n)	áqàlʰ (M.)	aqallɔʰ (F.)
			ˁarfìʃ (M.)	ˁarııʃyɔʰ (F.)
knife	billaa'	able (-n)	mjndj' (F.)	mjndjyöʰ (M.)
leopard	qerránsa	qeirans-a (-i)	ʃabéɛlʰ (M.)	ʃabɛɛllɔʰ (F.)
man (homo)	náma	nam-a (-ni)	nınʰ (M.)	nımanʰ (M.)
(vir)	náma		qɔf (M.)	qɔfɔf (M.)
meat	foon	(-i)	hjljb (M.)	hjlböʰ (M.)
milk	annán	(-i)	ˁaanɔʰ	
month		gī-a (-ni)	dáyàħ (M.)	dayaħyɔʰ (F.)
moon			bıl' (F.)	bılɔʰ (M.)
mouth	afaan	afaan (-i)	af (M.)	afaf (M.)
nose	funyáán	(-i)	sanʰ (M.)	sananʰ (M.)
spear	eebo'	ūara-na (-nni)	wáràn ʰ (M.)	warmɔʰ (M.)
sun	adu' biiʃtu'	adu, biiftu (-n)	qɔrraħ (F.)	qɔrrɔħɔʰ (M.)
			ˁadˁɛɛd (F.)	ˁadˁɛɛdɔʰ (M.)
tongue		arrab-a (-ni)	ˁáɽɽàb (M.)	ˁáɽɽabbɔʰ (F.)
tooth	ilkaan	ilka (-n)	flìg (M.)	ılkɔʰ (M.)
tree	múká	muk-a (-ni)	géèd (M.)	geedæd (M.)
water	biʃáán	(-i)		bjyöʰ
woman	naḍḍéén	(-i)	naag (F.)	naagɔʰ (M.)

[1] ARABIC.

E. IRAQW VOCABULARY
(*N.B.B.S.*, p. 143)

Sources: W. Whiteley, unpublished MS.; M. Guthrie, unpublished notes.

Note: Daggers indicate words which may be related to Cushitic words, asterisks those which resemble MBUGU (see p. 74).

	Whiteley			Guthrie	
	Sing.	Plur.		Sing.	Plur.
axe	tsa'o	tsabu		ssawo	ssabo
†belly	ɠura	ɠur'ɛ		ɠura	ɠuru'e
bird	tsir'i	tsir'o		ts'iriᶜe	ts'iriᶜo
*blood	tsɛɛrɛ	tsɛɛrɗu		s'ere	
*charcoal				ḣawi (see 'firewood' in MBUGU)	
*cow	ɬɛɛ	hiikwa		te	yikwa
†dog	sɛɛ'ay	sɛɛ'awɛ		se'ai	se'awe
ear	ii'a	i'a			
egg	qanhi	qanha		q'anahe	q'anaha
elephant	daŋw	dawɛ		daw̃	dawe
†*eye	ila	ila'		ila	ila'
*fire	aɬa			asɬa	aɬo'
foot	kunday	kunda'i (leg)		ya'e	ya'a
†goat	ɠurta	ɠurtawɛ		ari	ara
hair	sɛ'ɛɛmi	sɛ'ɛɛŋw		ts'aɠa	
hand	dawa	daβa		dawa	daba'
head	saɠa	saɠɛ		ts'aɠa	
hill¹				tl'oma	tl'om'i
†honey	danu	danɛ			
bee	ba'aramo	ba'ari			
hut	do	maray		do	mara
knife	tsatay	tsat'i		ts'atai	ts'at'i
leopard	du'uma	du'ɛɛmi			
*man (homo)	hɛɛ	mu		hee	mu
(vir)	ḣawata	ḣawate		ḣawata	ḣawate
meat	fu'uni	fu'unay		fu'uni	funai
*milk	ilwa			uluwa	iluwa
*month	ɬahauŋw	ɬahɛɛri		ɬahaw̃	ɬaḣeɾi
†mouth	aafa	aafe		afa	afe
*nose	duŋgi	duŋga		duŋga	
spear	lawala	laulu		lawala	launu
sun	lo'a			lua, lu'a	
tongue	tsifraŋw	tsifrɛɛri		ts'ifiran	ts'ufureɾi

¹ GOROWA ᶜon, cf. MBUGU.

	Whiteley		Guthrie	
	Sing.	Plur.	Sing.	Plur.
tooth	sɛħ'no	sɛħ'na	siħeno	siħeni, siħena'
*tree	xa'ano	xaa'i	ħʌ'ʌno	ħa'i
water	ma'ay		ma'ai	
woman	amɛni	amɛna	ameni	ˤamena[1]

[1] The first a pronounced with strong pharyngal contraction, a characteristic of IRAQW.

F. and G. SANDAWE AND HADZA VOCABULARIES

(N.B.B.S., pp. 142-3)

Sources: SANDAWE: M. Guthrie, unpublished notes (words in italics from O. Dempwolff, *Die Sandawe*).
HADZA: D. Bleek, 'The Hadzapi or Watindega of Tanganyika Territory' (*Africa*, 1931).

	SANDAWE	HADZA	
axe	kɔ́ŋgɔ́ra		
belly	tlabísó		
bird	tui	tséaloálo	
blood	ǁʼɛkʼa		
cow	múmbu		
dog	káka		
ear	kɛ́kɛ́		
egg	díʼá		
elephant	nǀɔá		
eye	ǀoɛ		
fire	ǁî		
foot	ǁatá	upukwako	Pl. upukwape
goat	ɬa		
hair	sʼɛ́		
hand	tlʼû		
head	siɛ		
honey	*tsiŋ*	!na té a kuïna	
bee	ǀʼɛka		
hut	khɔ		
knife	rɔ́gɔ́	itlʼako	Pl. itlʼape
leopard	tɛ́ká		
man (homo)	nǀɔmɛ́sɛ	unu	Pl. unubi
(vir)	máxaɛ	aɔkɔ, tlʼəme	Pl. tlʼəmebi
meat	nǀĭ	manako	
milk	dzíkʼa		
moon	!ábizɔ		
mouth	n!ô		
nose	nǀátĭ		
spear	mwɔkɛ		
sun	ǁakásu	asana	
tongue	!hê		
tooth	!ákã		
tree	thɛ́		
water	tsʼâ		
woman	támɛ́cu	ɔkuko, akwitiko	Pl. akwitibe
		≠eleko	Pl. ǁelebe

H. SANYE VOCABULARY

(*N.B.B.S.*, p. 143)

Sources: E. Dammann, 'Einige Notizen über die Sprache der Sanye (Kenya)' (*Z. Eingeb. Spr.*, 1950). Damman's vocabulary coincides with that used in this book for the following words.

Note: Daggers indicate words which may be related to Cushitic words.

belly	baɠama, mani	hut	modyu
cow	dʒago	†lip	afo
ear	aɠatso	man (homo)	ɠu'o
elephant	ɗokomi	(vir)	(h)adʒo
†eye	ila	†moon	haɠe
fire	eɠa	†sun	aɖo
foot	ɗaka'a	tooth	kalati
†goat	heri, láles	†tree	k'oro
hand, arm	ɗaba	water	ma'a
		†woman	nat'a

Note also some click words:

≠iŋgolie (star)
≠one (breast)
a/a (to lick)

For Product Safety Concerns and Information please contact our EU
representative GPSR@taylorandfrancis.com
Taylor & Francis Verlag GmbH, Kaufingerstraße 24, 80331 München, Germany

www.ingramcontent.com/pod-product-compliance
Lightning Source LLC
Chambersburg PA
CBHW052135300426
44116CB00010B/1912